¿VULNERABLES O NO?

EL MEJOR ANTÍDOTO CONTRA LO QUE NOS PARECE IMPOSIBLE

DR. HEBERTO BECERRA

Unilit

PUBLICAMOS PARA CAMBIAR VIDAS

Publicado por
Unilit
Medley, FL 33166

© 2022 Heberto Becerra
Primera edición 2022

Edición: *Nancy Pineda*
Cubierta y maquetación: *produccioneditorial.com*

Los nombres o apellidos en algunas anécdotas se cambiaron, a fin de proteger las identidades de las
personas involucradas.

Producto: 495958
ISBN: 0-7899-2614-8 / 978-0-7899-2614-2

Categoría: *Vida cristiana / Crecimiento espiritual / General*
Category: *Christian Living / Spiritual Growth / General*

Impreso en Colombia
Printed in Colombia

Dedicatoria

En el proceso del andar, estoy en deuda con muchas personas, entre las cuales están mi esposa, Gladys, mis cinco hijos y mis dilectos profesores: Dr. Rafael A. Ocaña, Dr. José M. Sánchez, Dr. David Fite y el Dr. Agustín López Muñoz. Para ellos mi gratitud y amor.

CONTENIDO

—

PRÓLOGO

—

El año 2020, sin duda alguna, fue para muchos muy difícil. La vida cambió con rapidez sin ningún previo aviso. Muchas escuelas cerraron sus puertas, surgieron nuevas maneras de enseñar, visitamos al médico por teleconferencia, muchos padres se convirtieron en maestros a tiempo completo, además de sus otras responsabilidades. Estuvimos en aislamiento, separados de nuestros seres queridos. Muchos perdieron trabajos. Vimos morir a parientes y amigos. La mascarilla, colgando del retrovisor en nuestros vehículos, vino a ser un símbolo de las dificultades que enfrentamos.

En momentos difíciles como estos nos preguntamos: «¿Hasta cuándo? No puedo soportar más lo que me está pasando». Algunos se sintieron como encarcelados en sus propios hogares, llenos de decepción y tal vez en depresión. Sí, ¿hasta cuándo?

Querido lector, tienes en tus manos un libro que te puede ayudar a dar los primeros pasos necesarios que te dirán cómo asirte a Jesús. Lo cierto es que Él tiene el timón de la nave que te llevará a puerto seguro, aun a través de las tormentas de la vida. Este libro no pretende responder y solucionar todos nuestros problemas. Ningún libro puede hacerlo. Aun así, puede ayudarte a descubrir, dentro de tu frustración y vulnerabilidad, por qué no alcanzaste la meta y qué factores fueron los obstáculos que no te dejaron llegar a ella.

Este libro, escrito por el Dr. Heberto J. Becerra, es una joya que debes leer, reflexionar y poner en práctica en tu vida. Becerra posee una vasta experiencia en el ministerio y en el campo académico, tanto en este país como en su país natal, Cuba. No puedo terminar de escribir estas líneas sin mencionar el gran impacto que el Dr. Becerra ha tenido en mi vida. Poco después que yo comenzara en el ministerio escuché a otros amigos hablar de él. «¿Quién es?», pregunté yo. Desde ese momento descubrí el historial del Dr. Becerra. Como un neófito en el ministerio aprendí mucho de quien hoy considero «mi gran amigo». Menciono tres cosas que descubrí, entre ellas, las cuales me ayudaron a moldear el ministerio que Dios me ha dado por más de cuarenta años. Primero, aprendí sobre la perseverancia. Nadie está exento de problemas, pero Dios quiere ayudarnos a navegar a través de las grandes tormentas de nuestra vida. Segundo, aprendí en medio de mi imperfección a confiar en Dios. Él nos creó a su imagen. Por lo tanto, en mis tormentas, debo cederle mis problemas al Señor que me conoce mejor. Tercero, aprendí que en nuestro trato con otras personas, algunas problemáticas, las buenas relaciones son mucho mejor que ganar.

Estoy convencido que este libro puede ayudarte a cambiar tu mirada de los problemas a las posibilidades, y de lo que es temporal a lo eterno.

Dr. Gustavo V. Suárez
Yukón, Oklahoma

PREFACIO

—

Alos diecinueve años de edad, ya era estudiante del primer seminario donde estudiaba. Así que, como parte del programa práctico de estudios, tenía una misión a mi cargo, la cual atendía los fines de semana.

Uno de esos viernes, llegué al pueblo donde estaba la misión y me sorprendió una noticia escalofriante. Allí vivía la familia Pérez, la cual tenía dos hijas muy jóvenes. La señora visitaba con frecuencia nuestra iglesia y las hijas lo hacían de vez en cuando. Todas las semanas visitaba ese hogar, les leía la Biblia y oraba. Las jóvenes eran agradables, bellas y parecían juiciosas, pero indiferentes al Señor.

Esa tarde ha sido inolvidable para mí. La comunidad entera estaba conmovida: ¿Qué sucedió? Una de las jóvenes tuvo una desilusión amorosa y esa prueba rebasó sus límites. De modo que bañó su cuerpo con un líquido inflamable, encendió un fósforo... y lo demás puedes suponerlo. Cuando llegó la mamá, solo halló un cuerpo destruido por completo. Pocas horas después la joven murió. Yo no hallaba forma ni palabras para consolar a las dos. La señora era madre soltera, así que nunca conocí al padre de la víctima.

Este evento marcó mi vida hasta hoy. A menudo me preguntaba: «¿Hasta dónde llegó la fragilidad emocional de esa joven para tomar tan drástica alternativa?». Las clases teóricas en las aulas me enseñaban muchas cosas, pero esta experiencia me enseñó más, mucho más.

La vida es un ciclo de necesidades satisfechas y otras por satisfacer. Es más, los límites son tan pequeños que muchas veces no se pueden ver, y hasta resultan peligrosos.

A esas necesidades insatisfechas, sumadas con la naturaleza humana, las debilidades emocionales o psíquicas, las carencias y las decepciones pueden «juntarse» con facilidad. Como resultado, se forma una catarata de angustias que una persona débil y sin Cristo le es fácil tomar decisiones inadecuadas con consecuencias eternas.

¡Qué frágiles somos! A esa fragilidad se le han dado varios nombres, yo he querido llamarle *vulnerabilidad*.

Que una madre llorara sobre una tumba hasta el día de su muerte, no tiene otro nombre que vulnerabilidad humana. Ante esto recuerdo las palabras de Paulo Coelho: «Existen lenguajes que van más allá de las palabras». A lo cual yo agrego los resultados de la vulnerabilidad...

La finalidad de este libro es ahondar en la problemática humana, a fin de explicar la razón a tantas limitaciones existentes y sus consecuencias que afrontamos a cada paso. Además, exploraremos situaciones, citaremos hechos, buscaremos razones... y, a la vez, brindaremos antídotos teológicos o psicológicos para hallar respuestas y ofrecer soluciones.

Amado lector, en esta obra hallarás una mezcla de ambos asuntos e incursionaremos en las avenidas del hondo padecer humano. Al mismo tiempo, buscaremos luces para vencer lo que pareciera ser algo irreversible. Al final de las exploraciones encontrarás consejos bíblicos para intentar saltar las barreras.

Si notas que la palabra y el concepto vulnerabilidad son repetitivos, créeme, no es redundancia ni descuido, es *propósito*. Confieso que muchísimas informaciones o alternativas no son solo mías. Para confirmarlo, ve a la bibliografía, las notas de algunas citas y más...

Sí, somos muy vulnerables... pero hay un remedio: *El Cristo redentor y vivificador que es la puerta de escape.*

INTRODUCCIÓN

¿SABÍAS QUE ERES MUY VULNERABLE?

—

Me sentí motivado para escribir este libro debido a múltiples razones. Aun así, deseo destacar dos que considero fundamentales: El desconocimiento del porqué muchísimas personas no logran los objetivos que se trazaron en la vida, y el desconocimiento de los factores concurrentes. Por dichos motivos no llegaron a donde deseaban, ya sea en lo espiritual, emocional, cultural, social, político, relacional, profesional, ético, familiar, etc.

Las frecuentes frustraciones que ocasionan esos dos factores marginan, decepcionan y hasta deprimen a los implicados. Creo que no es nada desconocido que la inmensa mayoría de las personas es víctima de este flagelo universal.

Cuando descubres que no eres una excepción en el vasto universo donde vives, tienes también dos caminos, y solo dos para enfrentar esa situación: Identificar los factores que ocasionan los fracasos y aprender a luchar en su contra, o rendirte y permitir que los demás te pasen por encima. Es tu elección, o le sales al encuentro con los recursos que existen para esto o te quedas en el camino...

Tal vez no has entendido que los demás no son la razón por la que no has conseguido tus objetivos. Ellos son solo piezas. La razón fundamental está dentro de ti mismo. Aprender a conocernos a nosotros mismos es la tarea maestra para conseguir lo propuesto. Bien dijo el filósofo Sócrates: «Conócete a ti mismo».

Según el pensamiento griego, quien es capaz de descubrirse a sí mismo será capaz de gobernarse a sí mismo. Es muy serio entender que debes poner el pensamiento en el puesto de mando de tu vida. Una persona reflexiva puede llegar a ser alguien con equilibrio. El mismo Sócrates declaró que «una vida sin reflexión no vale la pena vivirse».

Las naves con sus timones dañados pueden quedar a merced de vientos contrarios que las llevan a cualquier rincón del mar. En cambio, los que se han asido al timón que no se rompe, Jesús, llegarán a puerto seguro. Nuestro propósito a través de estas páginas es ayudarte a entender cómo lograrlo.

Los filósofos enseñaron que nada humanamente debe darse por hecho ni conocido y los apóstoles lo reiteraron. Cuanto más te conozcas y te aceptes a ti mismo, más fácil te será desenredar la madeja de tus pensamientos, sentimientos y acciones.

Los psicólogos y nuestros padres parecieran haberse puesto de acuerdo para afirmar que «tenemos» que hacer esto o «aquello» para triunfar. Erraron al blanco, pues no nos hicieron en un troquel. Esto quiere decir que nuestra individualidad es tal, que nadie se parece a nadie. Sin embargo, existe un sutil hilo de identidad entre los humanos, así lo diseñó el Creador, que nos sirve para guiar a otros y orientarnos a nosotros mismos a fin de no tropezar con las mismas piedras.

En el primer capítulo, subrayaremos algunas verdades que son típicas entre todos los seres humanos. Luego, en los capítulos siguientes, haremos un análisis de las razones de la vulnerabilidad, las consecuencias y los argumentos para salir adelante a pesar de... Además, encontrarás soluciones bíblicas y científicas para no dejarte envolver por el fenómeno que resta, y muchas veces hasta destruye a las personas.

Ah, favor de tener presente que este libro no pretende ser una obra dedicada a la autoestima. Aunque de esto se ha escrito mucho y muy bueno, estas son reflexiones analíticas de la problemática humana y de cómo salir de esos encierros.

CAPÍTULO 1

¡SI ÉL ME PUSIERA A PRUEBA!

—

Amado lector, deseo iniciar este capítulo con las palabras de Job 23:10:

Si [Él] me pusiera a prueba, saldría yo puro como el oro.

Al visitar los grandes pabellones de la vulnerabilidad humana, encontré dos cosas importantes. En primer lugar, me la imponen y no la puedo evadir. En segundo lugar, yo mismo me la impongo en consecuencia. De todas formas, atados al tronco de la existencia tendremos que batallar con la vulnerabilidad y buscar la ayuda del Todopoderoso para que no nos arrastre convirtiéndonos en seres inútiles e incapaces.

A través de las siguientes páginas vamos a considerar muchas de las implicaciones de la vulnerabilidad y cómo lidiar con ellas. El propósito de Dios es que, a pesar de todo lo que nos bloquea, podamos ser más que vencedores. De que somos muy vulnerables, eso es un axioma. La cuestión a considerar es: ¿Qué nos hace vulnerables? Y cito a continuación setenta factores que nos hacen vulnerables y algunas de sus consecuencias:

1. El amor: Si es en la línea de lo ético, virtud del alma; de lo contrario, es un camino tortuoso.
2. El miedo: El inadecuado paraliza, el adecuado redime.
3. La envidia: Lastre que hunde y esclaviza.
4. El orgullo: Satanás lo sintió primero; desde entonces, envilece.
5. El sexo: Eje de los planes santos del Creador; pero mal usado, es un general que destruye a su ejército.
6. Los vicios: Palancas de destrucción.
7. Los traumas: Consecuencia directa o indirecta de nuestras experiencias traumatizantes.
8. Las inseguridades: Cuerdas donde se mecen las incertidumbres del alma.
9. Los prejuicios: Ahí se entretejen los criterios distorsionados.
10. Las pérdidas: Sombras que oscurecen el camino.
11. Las frustraciones: Sabor a ruta truncada.
12. Las traiciones: Desde la primera, que inventó el propio Satanás, hasta el día de hoy, son huecos profundos en el suelo del alma.
13. Los desengaños: Crean una huella difícil de borrar.
14. Las competencias: Lejos de evaluar la calidad, miden las avaricias si son ilegítimas.
15. El descuido: Por no hacer lo que se debe, conduce a la negligencia y a algo sin terminar.
16. Lo inapropiado: Fácil golpe de lo ético.
17. Los falsos amigos: Aceleran esas caídas y desengaños.
18. Los genes: Determinan los caracteres hereditarios con los que no podemos luchar.
19. Los trastornos emocionales: Estos son los vehículos por donde transitan las cargas del inconsciente.
20. Las enfermedades: Frustran, amargan o reivindican de acuerdo con la actitud ante estas.
21. Las culpas: Son los fardos que, llevados en hombros, pesan tanto que resultan aplastantes.

22. Las pasiones: Si son inadecuadas, hunden.
23. La falta de perdón: Actitud de la mente que siempre nos arrastrará por sendas de resentimientos.
24. La venganza: Sórdida arma de las almas inferiores.
25. Las deudas: Dividen la mente y roban la paz.
26. La incertidumbre: La falta de seguridad y de confianza traen nubes grises al corazón.
27. La falta de apoyo: Acarreará siempre sentimientos de incompetencia y frustración.
28. La soledad: Mal amiga para caminar en la luz.
29. Los abandonos: Pérdidas entre los bosques de la existencia humana.
30. Los malentendidos: Brújulas rotas en los mares encrespados de la vida.
31. Las calumnias: Falsas imputaciones que pueden arruinar a una persona, pero que a la postre se vuelven sobre quien las hizo.
32. Las apariencias físicas: Quien se impresiona por estas lleva sembrado los prejuicios.
33. La televisión: Instrumento de entretenimiento e información, o hada madrina del mal.
34. Las redes sociales: Te ayudan o te hunden, según el uso que les des.
35. Un accidente: Ya sea físico o emocional, siempre generará desequilibrio.
36. Los prejuicios raciales o étnicos: Producen trastornos sociales, pueden resquebrajar los gobiernos, y hasta crear guerras civiles y mundiales. Un ejemplo clásico es el genocidio en Alemania en los campos de concentración.
37. Los convencionalismos sociales: La existencia de pobres y ricos son barreras que dividen.
38. Los nacionalismos: Esto también divide y crean brechas.
39. Las diferencias educacionales: Niveles que pueden crear complejos por razón de las competencias.

40. Las características físicas: Los complejos se pueden crear en casos de si se es alto o bajo, el color de los ojos, la apariencia no tan agradable, etc.

41. Las personas y lugares donde nos criaron: Todo esto forma una red de complicidades psicológicas que, para bien o para mal, forma entre otros factores tu rumbo emocional y te pueden convertir en alguien fuerte o débil.

42. Las escuelas donde estudiaste: Son fraguas del carácter o trapecios para tirarte al vacío.

43. Las amistades: Te ayudan o te empujan.

44. Las preferencias sexuales: Siempre que sean inadecuadas, también existirán decisiones inadecuadas que traerán como consecuencia el desarrollo de complejos existenciales.

45. El entorno religioso: No siempre contribuye a desarrollar un enfoque adecuado de la vida. (Te sugiero que leas *Como sobreponerse al lado oscuro del liderazgo*, de Gary L. McIntosh y Samuel D. Rima. En esta obra descubrirás cosas inimaginables de altos y significativos personajes).

46. Fragilidad: Por una serie de componentes, tal vez ya expresados aquí o no expresados aún, puedes desarrollar un grado mayor o menor de debilidad emocional.

47. La carencia de ciertos componentes químicos en tu cerebro: Estos pueden ser también causantes de varios problemas; aunque ciertos religiosos objetan ese aspecto, científicamente se ha comprobado que esos elementos físicos también son buenos agentes para ser vulnerables.

48. Los fracasos: Estos pueden ser agentes adecuados para ser muy vulnerables en los negocios, los estudios, el amor, la familia, las amistades.

49. La emigración a un país extranjero: Puede crear un serio vacío de adaptación emocional y psicológica.

50. El supremacismo: Creencia que sostiene que determinadas razas son superiores a las demás etnias y, por lo tanto,

deben dominar a todas las demás culturas. Sus raíces están en el racismo científico basado en argumentos seudocientíficos. Todas las filosofías terminadas en *ismos*, si se toman como elemento de diferencias, abren una brecha de posible vulnerabilidad. Las entidades de rehabilitación dan evidencia de millones de personas que han sido víctimas de esos problemas.

51. El síndrome posguerra: Personas que han pasado por la cruenta experiencia de una guerra y han quedado vulnerables emocionalmente.

52. Falsas percepciones: Dependiendo de la edad, del contexto social, de la preferencia, de la formación, así ruedan las diferentes percepciones que a veces son inadecuadas.

53. El cociente de inteligencia: Eso indica que mientras menor sea el nivel de cociente, más probabilidades habrá de enfoques inadecuados.

54. Personas víctimas de abuso: Por lo general, afrontan complejos de inferioridad.

55. Necesidades existenciales insatisfechas: Carencias, limitaciones, alimentos, viviendas.

56. Necesidades emocionales no cubiertas: Afectos, identidad.

57. Injusticias sistemáticas.

58. Esclavitud sistemática: Son espinas en el corazón

59. Miedo sistemático.

60. Los elementos condicionales.

61. Decepciones impuestas.

62. Lo que esperabas, pero nunca llegó.

63. Estar equivocados y no admitirlo.

64. La forma en que encaramos las situaciones de la vida.

65. La incapacidad para no hallar el primer paso hacia la libertad.

66. La carencia de fe genuina.

67. Cuando las murallas están en ruina y no saber cómo volverlas a levantar.

68. El desconocimiento de que los fracasos son oportunidades.
69. El sentarse a llorar y quedarse llorando.
70. Ignorar que más allá de la penumbra el sol no muere.

Todos estos aspectos y más, harán a las personas muy vulnerables, a unos más y a otros menos. El más o menos está relacionado por cinco aspectos que dependen de lo siguiente:

1. Madurez emocional.
2. Relación con Dios.
3. Búsqueda de soluciones.
4. Salud psíquica.
5. Salud espiritual.

Si sigues leyendo esta obra, descubrirás razones, situaciones, verdades existenciales y verdades bíblicas. Estoy pretendiendo aliviar tu carga y ofrecerte antídotos para salir adelante en medio de la maleza de tus vulnerabilidades.

CAPÍTULO 2

¿QUÉ ES LA VULNERABILIDAD?

—

¿Eres susceptible a que te hieran, lastimen, ultrajen, ignoren, censuren, acusen, mientan, empujen hacia una fuerza contraria o se burlen de ti? ¿Sufres de uno o más de los setenta factores señalados en el capítulo anterior? Entonces, eres víctima de la vulnerabilidad y necesitarás leer esta obra. Axioma: Todos, de una forma u otra, somos vulnerables.

Si han lastimado tu reputación, sin importar quién lo hiciera, eso indica que fuiste objeto de la vulnerabilidad de otros. Los demás hieren cuando los hieren, las fieras agreden cuando se sienten amenazadas. Algo importante: Tanto tú como la persona que te causó el daño sufren los efectos de ese mal. Ella por propiciarlo y tú por sufrirlo.

La palabra *vulnerable* procede del latín *vulnerabĭlis*, formada por *vulnus*, que significa «herida» y el sufijo *abilis* que expresa «posibilidad». Cuanto más frágiles sean las personas, más posibilidades tienen que las hieran. Esto nos lleva a una rigurosa pregunta: ¿Qué provoca que una persona sea frágil para adquirir el «virus»? Hay un sinnúmero de razones que expondremos durante el proceso de esta obra.

¿Qué es la vulnerabilidad y desde cuándo surgió el problema?

La vulnerabilidad es el sentimiento de sentirse impotente, el blanco de... la imposibilidad para... La única explicación plausible data de la antiquísima historia cuando Dios adornó al hombre con los encantos de la perfección y un solo acto de desobediencia rompió el idilio entre este y aquel. De ese modo, se destruyó la condición primaria y sublime con la que Dios creó al hombre. De seguro que fue «elegante» el uso de la libertad (primer atisbo de esta en el universo), pero que al usarla mal fue, y es, desatadora de una serie de limitantes que cayeron y caen sobre el ser humano desde aquel fatídico día hasta hoy.

En teología, ¿a qué le llamamos desobediencia, revuelta o transgresión? La palabra es bien conocida: ¡pecado! ¿Tendrá remedio este desencadenamiento de consecuencias que surgieron a partir de aquel acto? Un solo nombre lo resuelve: ¡Jesús! Él es el vínculo de recuperación y arreglo. Así como la oveja queda quieta ante la tijera del esquilador, muchísimas veces resultamos ser objetos del que usa la capacidad de vulnerable para hacernos daño. Al igual que los Salmos más inspiradores surgieron en las más profundas agonías del alma, de esta manera soportó la crueldad aquel que se hizo blanco del que clavó la daga de la perfidia en el costado de la víctima.

Como te decía, el problema es muy antiguo... tanto, que tristemente nos hemos acostumbrado a él. Eva miraba de lejos, enternecida, contemplando las flores y las frutas que un día estuvieron al alcance de sus manos. Hoy las divisaba distantes sin poderlas alcanzar. Adán vislumbraba con dolor el árbol que le clavó la espina... solos, tristes y angustiados soñaban con el pasado. Sin embargo, ese bello pasado tenía cerraduras que no solo sufrían por ellos, sino por la humanidad siguiente. Hoy sufrimos los resultados de sus acciones al hacerse vulnerables y hacernos a nosotros iguales. ¡Solo que tenemos una Esperanza!

Esto sucedió para que ellos no llegaran a la meta sin nosotros, pues Dios nos había preparado algo mejor. (Hebreos 11:40)

Cuando miro las estadísticas, sufro por el uso de la vulnerabilidad. Ah, ¡cuán frágil nos ha hecho esa realidad! *The Christian Post* informó que solo en el 2020 murieron 42,6 millones de bebés por abortos, llegando a ser esta la causa número uno de muerte en el mundo. Según la UNICEF, a diario mueren 7 000 bebés antes de cumplir los 28 días. También declara que 19 000 niños mueren al día por causas evitables (un tercio de ellos por hambre). De acuerdo a los informes de la ONU, 15 000 niños mueren a diario en el mundo. Incluso, cada 19 minutos muere un niño de hambre en Yemen. Si pensamos en términos generales, 795 millones de personas en el mundo no tienen suficientes alimentos para llevar una vida saludable. Eso representa uno de cada nueve personas en la tierra.

Por otra parte, ¿cuántas personas mueren por actos violentos todos los días en el mundo? Cada año, más de 1,6 millones de personas en el mundo entero pierden la vida de manera violenta. Además, millones de personas resultan heridas a causa de la violencia y sufren problemas físicos, sexuales, reproductivos y mentales (Organización Mundial de la Salud). La mayor cantidad de muertes ocurre entre los 15 y los 44 años de edad. De esta, el 14 % se debió a las disfunciones masculinas y el 7 % a las femeninas.

En el mundo mueren cada día 420 000 personas por alimentos contaminados. En un día cualquiera, 1 424 personas mueren en actos de homicidio, casi una persona por minuto. Aproximadamente una persona se suicida cada 40 segundos. En el siglo XX, 191 millones de personas perdieron la vida por consecuencia de algún conflicto. (Para más información al respecto, puedes visitar la página web de la OMS www.who.int/violence_injury_prevention).

Entonces, ¿qué me dices de la tragedia de la covid-19? Sería inadecuado ofrecer hoy números de muertes... ¿Y si hablamos de los divorcios? En el 2017 hubo 97 960 divorcios. En el 2018,

48 % de las parejas se rompieron. En el 2019 los divorcios se incrementaron en un 5,6 %. Como ejemplo de esto, aquí tienes las cifras de divorcios en algunos países durante el año 2018:

- Estados Unidos: 827 261
- Alemania: 153 501
- Inglaterra: 118 501
- España: 97 960
- Italia: 91 629
- Portugal: 21 577

Quizá te preguntes: «¿Tiene algo que ver esto con la vulnerabilidad?». Por supuesto, el mal nos hace vulnerables a todos. De ahí que se desencadenen mentiras, traiciones, desengaños y muertes. Cuando las personas poseen conceptos religiosos no cristianos, son sensibles a cometer toda clase de deslealtades y barbaries. Tal vez conozcas a alguna persona que fuera víctima de otra persona debido a problemas de personalidad. Estos son blancos perfectos para desarrollar una cadena llamada vulnerabilidad sintomática o vulnerabilidad endémica.

Factores que componen la vulnerabilidad

Aparte de los destacados en el capítulo anterior, ahora los encierro en un círculo más estrecho para su comprensión. Por lo tanto, quiero hablarte y darte una breve explicación de los sietes factores que componen de manera intrínseca la vulnerabilidad.

Primer factor: Pertenecer, como tú y yo, a la raza caída

¿Cuándo? ¿Dónde? Fue en ese día cuando al nacer, diste el primer grito. Este problema se lleva en la sangre y parte de forma directa de nuestra herencia adámica. La maldición de Adán nos abarca a todos. Intoxica como las serpientes venenosas y puede causar la muerte. Así es el pecado... Tú y yo no somos la excepción. Al propio David le sucedió sin siquiera ser consciente de ese lado oscuro de su psiquis (lee el Salmo 51:1-7). Solo que no podía conectar los puntos.

¿Recuerdas el día en el que abriste tu boca para hacerle daño a alguien? Tú intentas justificar el hecho y esgrimes vastas razones. ¡Mentiras! Se trata de tu inconsciente respondiendo a tu frustración sin canales. Creo que la mejor explicación radica en el versículo 5 del Salmo 51; es decir, reside en la incapacidad de entender la triste condición de cada ser humano.

En realidad, «todos somos como gente impura; todos nuestros actos de justicia son como trapos de inmundicia [en griego, trapos de menstruación]; nuestras iniquidades nos arrastran como el viento» (Isaías 64:6). ¿Me estás entendiendo por qué somos vulnerables? Entonces, ¿qué pasó con lo que hizo Cristo en la cruz? Su «sangre [...] nos limpia de todo pecado» (1 Juan 1:7). Aun así, seguimos siendo vulnerables, de ahí nuestra gran necesidad de Él. ¿Con esto limito la obra redentora de Cristo? De ninguna manera, pero sí afirmo que hasta que no lleguemos al cielo no seremos invulnerables.

Segundo factor: Ignorar los componentes

Ignorar los componentes de la vulnerabilidad contribuye a que esta se desarrolle. A renglón seguido, cito algunos de esos componentes:

En primer lugar, pensar que no nos equivocamos. Hace muchos años aprendí que los maliciosos piensan siempre mal de los demás. He escuchado expresiones como estas:

- «¿No te lo decía? Donde pongo el ojo pongo la bala».
- «Sé colarme por el ojo de una aguja».
- «No tienen que decírmelo, ya lo sabía».
- «Antes que él venga, ya yo iba».

Esos refranes populares ponen al descubierto lo que se anida en los corazones. Pensar siempre mal de los demás es el resultado de sentirse amenazado. Si pudiéramos colocar en un laboratorio los componentes de la vulnerabilidad, de seguro obtendríamos los siguientes resultados:

- Miedo
- Zozobra
- Inseguridad
- No haberse perdonado uno mismo
- Envidias
- Rencores
- Prejuicios
- Formación psicológica inapropiada
- Violaciones
- Poner un paño negro sobre la verdad de tu consciente
- Incompetencia
- Cociente de inteligencia por debajo de los niveles normales
- Exposición a situaciones humillantes
- Nivel de vida socioeconómico denigrante
- Creerse que todo el mundo tiene que rendirle pleitesía debido a su crianza en un ambiente de opulencia

Por otra parte, están las pérdidas. Hay quienes dicen: «En mi jardín sembré margaritas, pero vinieron las lluvias y dañaron las plantas. ¿Ahora qué hago para tener margaritas?». Las pérdidas de todo tipo son ráfagas que alimentan el combustible de nuestra vulnerabilidad. Después no será fácil tener margaritas...

Tercer factor: Estar expuesto

Ante esto, podrás objetar: «¿Y quién no lo experimenta?». En efecto, este mundo es como un estadio gigante donde corren todos... Sin embargo, quiero que recuerdes que «hay atletas y hay atletas». En otras palabras, están los que se han entrenado de manera sistemática y los que lo hicieron la noche anterior. El apóstol Pablo hace énfasis en el entrenamiento del alma:

El ejercicio físico te sirve de algo, pero una vida dedicada a Dios te trae bendiciones. (1 Timoteo 4:8, PDT)

¿Cómo lo consigo? Ya conocemos la respuesta tradicional, pero yo te pregunto: «¿Y tus valores cristianos? ¿Los lazos familiares van más allá de lo que te dijo el de la esquina?». Cuando la madre de San Agustín de Hipona se desgarraba viendo cómo su hijo se hundía en el cieno del pecado, visitó a un prelado y le suplicó que hablara con su hijo a fin de que hubiera un cambio en él. Pasaban las semanas y el religioso no hacía nada. Así que la señora volvió donde el prelado. Con lágrimas en los ojos, le suplicó de nuevo que ayudara a su hijo. Aquel hombre de Dios, cansado por las reiteradas visitas de la mujer, le dijo: «Señora, vaya en paz, que lo primero que Dios no olvida son las lágrimas de una madre». Lo que sucedió con el joven descarriado es historia y ya la conoces.

Si no te expones ante Dios, no tendrás buenos resultados. Por otra parte, si te expones a la carne, serás blanco de la vulnerabilidad:

Jesús les respondió: De cierto, de cierto os digo, que todo aquel que hace pecado, esclavo es del pecado. (Juan 8:34, RVR60)

Cuarto factor: Proyectar la culpa

Proyectar la culpa es la forma más «elegante» de no aceptar la responsabilidad. En psicología, y según el psicoanálisis freudiano, proyectar la culpa es un mecanismo de defensa en el que los impulsos, sentimientos y deseos propios se atribuyen a otro objeto, ya sea persona, fenómeno o causa externa. Esto representa la forma de evadir responsabilidades, sufrimientos o pensamientos indeseados. En dependencia de la estructura psicológica del sujeto, esta proyección pudiera ser positiva o negativa.

En el psicoanálisis se determina que la neurosis de muchos no es más que un arma letal que usan los individuos para justificarse a sí mismos. Ten en cuenta que esto también es un arma que usan las personas llamadas «normales». Algo parecido, pero diferente, es lo conocido en psicología como *transferencia*. En esta se reactivan los deseos inconscientes que tienen que ver con situaciones del pasado y se transfieren a una nueva. Como es en el caso de la transferencia en el contexto de la relación terapéutica.

Para el individuo común, los pensamientos, deseos, hábitos, actitudes y sentimientos, ya sean duraderos o esporádicos, configuran su mundo y esto pudiera ser constante. El ontólogo Martin Heidegger afirma que este proceso proyectivo pudiera ser una capa con la cual nos envolvemos al mundo y a sus circunstancias. Todos estos razonamientos «lógicos» nos recuerdan las palabras de Adán a Dios, a fin de evadir su responsabilidad:

> *La mujer que me diste por compañera me dio de ese fruto, y yo lo comí.* (Génesis 3:12)

¡Qué forma más «sutil» de evadir responsabilidades! Desde entonces, el hombre es un ser evasor por excelencia. Como casi siempre la proyección y la transferencia llegan impulsadas por el inconsciente, me apenan los aludidos que no logran ser conscientes de sus hechos.

El inconsciente es un gigante despierto las veinticuatro horas del día y ejecuta acciones sin pensarlas ni programarlas, ¡mucho menos desearlas! Eso sí, son molinos impulsados por vientos extraños que cada día te harán más y más vulnerable[1].

Quinto factor: Débil relación con el Creador

El quinto factor establece el axioma de proveer una catarata de vulnerabilidad debido a una mala relación con el Creador. Un breve repaso de la trayectoria de los hombres de la Biblia te dirá que lo que acabo de anotar es cierto: Saúl, David, Jacob, Elías, Jonás, Salomón, Pedro, Judas, Alejandro y otros más. A todos los empujaron diferentes razones para transitar por caminos tortuosos a pesar de estar cerca de Dios. Entonces, en algún momento, quedaron enredados en las redes de la arrogancia, el adulterio, la desobediencia, el miedo, la autosuficiencia, la prostitución, el orgullo, el temor, la codicia, la traición, etc. Hoy en día, los aplaudimos como héroes y mártires. Sin embargo, ayer los vimos descender en la escala de la ética como personas comunes y corrientes.

¿Te has dado cuenta de cuán vulnerable eres? Tal vez creas que esto es para otros. ¡Cuánto te equivocas! Justo por pensar de esa manera caes cada vez más en la ciénaga de la vulnerabilidad.

La expresión «Nadie es perfecto» se ha vuelto proverbial y me temo que solo sea eso: coletillas que repetimos sin pensar que tienen cierta filosofía verdadera. En efecto, nadie es perfecto porque todos somos vulnerables.

Cuando las cortinas de la historia se cierren de manera definitiva y en la escena solo estén los testigos de tus actos y de los míos, nos daremos cuenta de cuán frágiles y vulnerables fuimos. A fin de cuentas, tal vez esto se deba a que se tenga una mala relación con Dios.

Sexto factor: Cuestiones genéticas

No podemos evadir las cuestiones genéticas, pues nos seguirán hasta el último día de nuestras vidas. Un padre o madre con desequilibrios nerviosos, una señora siempre deprimida, alguna limitación física o mental, se pudieran transmitir hasta la tercera y cuarta generación. De modo que pueden provocar, entre otras cosas, un estado de vulnerabilidad sistemática en cadena.

Los genes son los bloques en las paredes de la herencia y con ellos se construye el edificio de nuestra personalidad. Debido a que contienen nuestro ADN, son los que realizan la mayor parte de las funciones dentro del sistema celular. A veces se produce una mutación y, como consecuencia, se cambian las órdenes para fabricar las proteínas, lo cual hace que no funcionen como deben. Esto puede causar una dolencia genética fuerte.

En general, existen tres tipos de enfermedades genéticas:

1. Defectos que solo afectan un gen.
2. Trastornos cromosómicos (síndrome de Down).
3. Mutación en dos o más genes (el cáncer de colon es un ejemplo).

Una estructura física afectada por un problema genético puede ser en gran medida la causa de una considerable vulnerabilidad.

Séptimo factor: Envidias, prejuicios y traumas

El séptimo factor quizá se deba a una combinación de algunos de los factores anteriores. Como consecuencia, se producen estados de ánimo capaces de provocar diferentes manifestaciones. Por ejemplo, la ira, el enojo, la envidia, los prejuicios, las traiciones, etc.

¿Sabes por qué hiciste algo sin medir las consecuencias? Fácil, porque no has sanado de manera emocional ni espiritual. Como resultado, te convertiste en blanco de la vulnerabilidad.

Hace poco se me acercó una persona en un lugar donde yo dictaba unas conferencias y me dijo: «Quisiera que habláramos para resolver algo del pasado contigo». A lo cual le respondí: «Ah, ¡no! Yo no tengo pasado ni presente. Solo tengo futuro y este es como una página en blanco donde Dios y yo somos los únicos que tenemos el derecho de escribir. ¿Quieres invertir en el futuro?».

Unos meses atrás, alguien me lanzó una «flecha encendida» de manera incógnita. Uno de mis hijos me dio la manera de hacerle frente a aquel rayo: «Ponlo en las manos de Dios», me dijo. Eso fue lo que hice, pues no hay mayor defensa que las manos de Dios. Recuerda, ten piedad de cada persona que sin misericordia quiera enredarte en alguna red. Además, ora por ella, porque solo hace cosas así por ser alguien significativamente vulnerable.

¿Crees que se puede estar saludable en lo emocional sin estarlo en lo espiritual? ¡Imposible!

CAPÍTULO 3

¿LA FALTA DE INSTRUCCIÓN DETERMINA?

—

Ante esto, debemos hacer otra pregunta: «¿Hasta qué punto la falta de instrucción teológica o académica colabora para el desarrollo de la vulnerabilidad?». Sencillo, la falta de instrucción académica pudiera abrir huecos en el volumen de tus conceptos éticos. Como es lógico, esto no es determinante, pero sí influyente. La ética situacional o geográfica en el mundo civilizado no es determinante, pues cada día descubrimos personas muy educadas que son pervertidas o criminales.

Muchísimas veces la agudeza intelectual genera avenidas sofisticadas para la práctica del mal. Los famosos dictadores son un ejemplo. No obstante, es válido admitir que el aprendizaje le abre puertas a la razón, que de suyo y por ello, estuvieron bloqueadas. De ahí que los grandes pensadores fueran, y sean siempre, personas educadas. Esto es evidente desde el escolasticismo hasta la postmodernidad. Ahora bien, la educación *no* es igual a la invulnerabilidad.

Como ejemplo tenemos a Pablo, el intelectual de su tiempo que nos dejara un legado teológico no superado por ningún otro pensador. Por eso dijo que todo hombre de Dios debe ser apto para enseñar (lee 1 Timoteo 3:2; 2 Timoteo 2:2, 24; Hebreos 4:12; Gálatas 6:6). No quiero hacer un estudio exegético de estos pasajes, pero sí deseo establecer el principio de que la educación formal y la teológica serán compañeras que te ayudarán a ser menos vulnerable.

El fracaso de muchos planes viene por la falta de técnicas administrativas y estas solo se consiguen mediante la educación. La superficie de este planeta es un enjambre o hervidero de vida. Florecen más de 120 000 variedades de orquídeas. Hay más de un millón de especies de insectos. Encontramos 30 000 arañas diferentes. Hallamos 80 000 especies distintas de caracoles. Existen 150 000 especies diversas de mariposas. Hay 250 000 escarabajos diferentes. En el género humano solo existe una raza. En realidad, es la más compleja. De ahí la importancia de su cuidado, *educación* y protección.

La ética en el ser humano

La ética es la ciencia que estudia la conducta. También estudia las costumbres humanas y los principios de sus acciones, como los de considerar lo que es bueno o malo.

Entonces, ¿es el hombre un ser ético? ¡Sí! ¿Por qué? Porque a diferencia de todo lo demás creado, el hombre tiene la capacidad de razonar y la libertad para tomar decisiones. De Dios viene toda su normativa para pisar con equilibrio. Cuando ando por la vida sin una adecuada armonía ética, soy blanco de toda vulnerabilidad.

Aún recuerdo el día en que pisé los umbrales de la universidad. De inmediato vi ante mis ojos un letrero que decía: «Aquí le formamos para no ser menos vulnerable». Enseguida me dije:

«Este es un lugar adecuado para mí». La educación no es en realidad decisiva, pero sí angularmente portadora de pautas para trabajar con la vulnerabilidad.

La educación regular o superior es básica para hacerle frente a las alternativas de la vida cuando estas se combinan con las enseñanzas de la Biblia. La educación en términos de consejería, ya sea pastoral, psicológica o cualquier otra rama relacionada con la salud mental, se convierte en instrumentos absolutamente imprescindibles si se desea ayudar a quienes confrontan situaciones especiales o para todos en sentido general.

«Un consejo lo da cualquiera», esa fue una frase que escuché de alguien hace muy poco tiempo. Por supuesto que siempre hay alguien que esté dispuesto a emitir un consejo. Sin embargo, ten en cuenta que solo los que se han educado en esa rama estarán calificados para ello. Si algo sobra en el mundo son personas pidiendo consejos y otras ofreciéndoles disparates en vez de adecuadas orientaciones.

Hay una gran gama de personas listas siempre para emitir juicios, opiniones y consejos. Sobre todo, esto abunda entre el pueblo común que carece de preparación para esos fines. Será un gran disparate que trates de apagar un gran fuego en un edificio si antes no recibes el entrenamiento al que tienen que someterse los bomberos. Sería una locura realizar un parto, hacer una operación quirúrgica o dirigir juegos profesionales si no te educan para esos propósitos.

La hipnosis

El Dr. Jorge León, en su libro ya citado *Psicología pastoral para todos los cristianos*[2], subraya la peligrosidad de practicar la hipnosis sin conocer sus riesgos. ¿Qué es la hipnosis? Es el estado de inconsciencia parecido a un sueño profundo y logrado por sugestión. Se caracteriza por la sumisión de la voluntad de la persona a las órdenes de quien se lo provoca. Mediante este procedimiento se puede traer a la memoria consciente recuerdos pasados inmersos en el inconsciente. La preparación académica y científica de este medio de sanación es *absolutamente* imprevisible. La Asociación Psiquiátrica Americana lo establece también. El Dr. J. León señala que, por ejemplo, una joven quería liberarse del miedo al agua deseando aprender a nadar. Con tal fin, un inexperto la sometió a permanecer en un lago por muchísimo tiempo. En apariencias, la paciente perdió el miedo. Así que al otro día fue al lago y se lanzó al agua sin temor. Horas después hallaron su cadáver flotando en el lago. Esta fue una falsa hipnosis practicada por un inexperto. Las prácticas inexpertas generan acciones indebidas, haciendo vulnerables a las víctimas.

También hay otros peligros como el de someter a una persona a la hipnosis por padecer profundos dolores de cabeza, cuando lo cierto era que solo tenía cáncer cerebral. La hipnosis se usa para partos sin dolor, cirugías menores, dolor de muelas injustificados. Además, puede usarse para inducir al paciente a cometer actos criminales o inmorales. Después de un largo proceso se logra inducir a la persona a hacer algo que, de estar en su pleno juicio, el iniciado no estaría dispuesto a realizar.

La hipnosis ha hecho mucho mal en manos inexpertas que no tienen la debida capacitación universitaria. ¡Qué vulnerables se convierten las personas cuando no se les trata con la dignidad que se merece todo ser humano!

Existe una gran cantidad de enfermedades que nada tienen que ver con la realidad. Lo cierto es que se producen por conflictos emocionales o espirituales. Muchos sufren situaciones físicas que no guardan relación alguna con su estado real. Cuando por determinada razón alguien padece de una enfermedad de la que no se obtienen pruebas científicas, el sujeto solo somatiza su problema emocional y lo convierte en una dolencia física. Lo más serio del asunto es que esta persona no es consciente de tal situación. Así conocemos personas yendo constantemente al médico sin que este encuentre resultados concretos para su dolencia física.

El exorcismo

Existen otras situaciones en las que vemos el exorcismo. Entonces, ¿qué es el exorcismo? Es la fórmula creada para expulsar espíritus malignos o demonios del cuerpo de una persona o de un lugar determinado. Hoy en día existen sacerdotes, pastores y hasta espiritistas que apoyan esta teoría. Por lo que afirman que están capacitados para efectuar liberaciones. Como resultado, las personas vulnerables se someten... Se trata de personas vulnerables que pudieran estar practicándolo.

¿Qué pensamos los cristianos al respecto? Desde los tiempos de Jesús hubo personas poseídas de demonios y otras con habilidades espirituales para expulsarlos (Lucas 9:1). La idea pagana, enseñada por algunos filósofos, era que los demonios se desempeñaban como mediadores entre Dios y los hombres. Platón decía: «Cada demonio es un ser intermedio entre Dios y el mortal». Por supuesto, esto es una aberración, ya que las Escrituras enseñan que Jesús es el único mediador entre Dios y los hombres.

Las Escrituras establecen que la verdadera naturaleza de los demonios es la de espíritus malvados (Apocalipsis 16:13-14). Los malos espíritus que poseían a las personas cuando Jesús estuvo en la tierra eran demonios. Los demonios son agentes de Satanás, y son poderosos. Logran grandes males a quienes los posean (Hechos 19:16). También sabemos que eran seres inteligentes (Mateo 8:29).

¿Ha cesado la actividad demoníaca? ¡No! (1 Juan 4:1; 1 Timoteo 4:1). Los espiritistas, santeros y los que usan la magia negra están en función de ellos. La astucia de los tales es tan grande que hasta pueden engañar haciendo milagros (Apocalipsis 9:20; 16:14). El fin de la era de la iglesia está marcado por la profecía de 2 Tesalonicenses 2:11-12:

> *Por eso Dios permite que, por el poder del engaño, crean en la mentira. Así serán condenados todos los que no creyeron en la verdad, sino que se deleitaron en el mal.*

En el nombre del Señor, los discípulos expulsaban demonios. Hoy en día, también lo podrá hacer un verdadero y fiel cristiano lleno del Espíritu Santo. Sin embargo, no es así con los sujetos que nada tienen que ver con la fe genuina y la entrega incondicional al único Señor y Salvador Jesucristo. En la actualidad, existen muchísimos «milagreros» que no son más que instrumentos del maligno para confundir y alejar a las personas de la verdad de la Palabra.

Pregunto: «¿Te imaginas la vulnerabilidad de estas personas para creer en la mentira y dejarse envolver por el enemigo común de las almas?». Ignorar las enseñanzas de la Biblia significa estar al margen de la verdad y ser campo fácil para el crecimiento de la mentira. Por eso es que hay asuntos que debiéramos tratar con mucho temor santo como son el exorcismo, echar fuera demonios, y calificar a un cristiano como poseído.

¿Es posible que un cristiano sea poseído por un espíritu maligno? ¡No! Cuando una persona cree y acepta al Señor como su Salvador, el Espíritu Santo entra en el corazón de esa persona y la sella (Efesios 1:12; 4:30). ¿Es posible que el Espíritu Santo y el espíritu del maligno habiten en la misma casa? ¡Imposible!

Los elementos inseparables para el éxito son la presencia y llenura del Espíritu Santo, una buena dosis de información bíblica, teológica, eclesiástica y ética, y una vida de santidad. Lo que no consiga la fe genuina, ¡nada lo podrá lograr! Sin embargo, es necesario estar preparados, pues estos tiempos lo exigen más que nunca.

CAPÍTULO 4

CAMPOS FÉRTILES PARA LA VULNERABILIDAD

—

Aparte de los elementos que señalamos en los capítulos anteriores, analizaremos ahora otros serios aspectos sobre lo que le abre paso a la vulnerabilidad. Los campos fértiles para regar la semilla de la vulnerabilidad son muchos y muy variados. No obstante, quiero señalar algunos más.

El complejo de Edipo

La denominación de este complejo se basa en la tragedia griega de Sófocles llamada *Edipo rey*. En esa obra dramática, Edipo, hijo del rey Tebas, mata a su propio padre, ocupando su lugar y casándose con la reina Yocasta, su madre. Cuando Yocasta descubre que su hijo fue el protagonista de todo, se sintió incapaz de soportar tal aberración. Así que decide terminar con su vida y se suicida.

Freud, en el psicoanálisis, usa ese drama para ilustrar los deseos impuros de un hijo hacia alguno de sus progenitores. Con esto se refiere a un conjunto de complejos, emociones y sentimientos infantiles caracterizados por la presencia simultánea y ambivalente de deseos amorosos hacia los padres. Esos deseos infantiles van desapareciendo a medida que el niño crece hasta llegar a la adultez. De esta forma Freud pretende explicar el funcionamiento psíquico y las estructuras de la personalidad humana.

Freud asegura que en los niños es recurrente la fantasía incestuosa al desear expulsar o sustituir al progenitor rival. Esta teoría ha tenido muchas críticas, tanto entre las diferentes escuelas de psicología, como dentro de otras escuelas y corrientes teóricas. Freud destaca que ese complejo es un fenómeno universal que ocurre sin importar factores como la educación, la pertenencia étnica o la cultural.

Ya sea que tenga más o menos razón Freud en la teoría, lo cierto es que la personalidad humana se forma teniendo en cuenta muchos factores concurrentes. Entonces, si no se consideran, pudieran desarrollar una débil estructura psicológica. De convenir con esta, los sujetos serán carnada propicia para la vulnerabilidad.

Los traumas que llegan al inconsciente

En la vida se presentan experiencias, sobre todo en la infancia, que golpean tan fuerte que no las podemos resistir en el ser consciente. Así que de manera automática pasan al último nivel de la mente o al inconsciente. Este es como una «caja fuerte» a la que nadie tiene acceso, ni siquiera el propio individuo. Como resultado, en la edad adulta comienzan a aparecer dolencias, tanto emocionales como físicas (somatización). De no resolverse esto a nivel profesional, la persona se convierte en un ente sumamente vulnerable. A menudo me preguntan:

—¿Puede un cristiano tener estos traumas?

—De la misma forma en que un cristiano puede morir de cáncer, también puede ser víctima de un trauma sin resolver —respondo.

— ¿Y qué hago? —me preguntan de nuevo.

—Exponte a las directrices de la Palabra, la oración y a la ayuda de un terapeuta.

Hay que vigilar todas las etapas de la vida, pero sobre todo las de la infancia. De esto depende que seamos más o menos vulnerables cuando se llega a la adultez.

El desconocimiento de las verdades bíblicas

He escuchado decir que «la palabra tiene poder». De ninguna manera esto es cierto, pues con una palabra podemos causar muchos males (lee Mateo 12:36; Proverbios 12:18; Proverbios 15:23; Mateo 15:18; Proverbios 18:21; Eclesiastés 10:12; Proverbios 16:24; 1 Tesalonicenses 4:18). La única verdad absoluta es que la Palabra de Dios es poder.

En mis cincuenta y cinco años de servicio activo como guía espiritual, siempre que veo a un cristiano sin integración y evadiendo todo compromiso, me digo: «Esta persona es carnada propicia para adoptar credos falsos o vida tibia». Esto ha sido así una y otra vez. Sin embargo, cuando la Palabra prende en terreno fértil, las tormentas van y vienen, pero la persona permanecerá.

¿No te dije que si crees verás la gloria de Dios? (Juan 11:40)

El que cree en mí, como dice la Escritura, de su interior correrán ríos de agua viva. (Juan 7:38, RVR60)

Nunca he visto que perturben a una persona con el Espíritu Santo en su interior. Si fuera así, estaríamos en presencia de una contradicción. Yo, como Job, en el Señor *«ya tengo su rescate»* (Job 33:24). Ahora sé que no estoy solo y que en mis vulnerabilidades Él estará conmigo.

La vulnerabilidad indiscriminada

Debido a que somos imperfectos, cualquiera que fuere nuestra situación social, edad o sexo, somos parte activa o pasiva de este mosaico humano que llamamos sociedad. Negar nuestra parte en la composición de los errores representa tratar en vano de esconder nuestras debilidades. En cambio, a pesar de eso, podemos triunfar en la vida cristiana.

Ahora bien, destaquemos lo que Sócrates declaró: «Una vida sin examen no merece la pena de ser vivida». Lo cierto es que hay una zona oscura en la vida de cada persona. Se trata de la zona de los trastos, de lo relacionado con la identidad no identificada.

Antes, ya cité la magnífica obra de Gary McIntoch y Samuel D. Rima: *¿Cómo sobreponerse al lado oscuro del liderazgo?* Aquí los autores destacan el hecho de que personalidades sobresalientes, tales como: Nathaniel Hawthorne, autor puritano de la clásica obra *La letra escarlata*; Jim Bakker, el famoso fundador del ministerio de televisión *Praise The Lord* (PTL); Bill Hybels, líder eclesial; Salomón, el famoso rey que fue víctima del orgullo; Jacobo y Juan, quienes fueron a Jesús pidiendo ser los primeros en su reino; Saúl, el rey que equivocó su llamado; David, el otro rey cuyas pasiones lo llevaron a cometer actos reprochables; John F. Kennedy, siempre impulsado por su lado oscuro; Richard M. Nixon, el presidente que no confiaba ni en sí mismo, de ahí que se viera implicado en el escándalo de Watergate; William Jefferson, formado en un hogar con un padre alcohólico; y muchísimos destacados personajes más[1].

Citamos a estos individuos, ya señalados por los autores McIntoch y Rima, debido a que deseamos resaltar el hecho de que, por muchas razones, sin importar grados académicos ni sociales, todos somos personas muy controvertidas... ¡y por eso vulnerables!

Y si este es un problema universal, ¿cómo le hacemos frente a ese mal y salimos airosos? ¿Qué quiere Dios que hagamos cuando nos sentimos débiles e incapaces? Solo hay un camino para la libertad: ¡Jesús!

Y conocerán la verdad, y la verdad los hará libres. (Juan 8:32)

Los fracasos llegaron por no reconocer dos asuntos vitales: nuestra *fragilidad* y la *gracia* del Señor. Aquí tienes siete causas que nos llevan a la fragilidad:

1. Uso indebido de nuestros recursos materiales.
2. Descuido de nuestras responsabilidades.
3. Creer que nosotros solos podemos hacer las cosas.
4. Subestimar las enseñanzas de la Palabra de Dios.
5. Darle la espalda a Jesús.
6. Satisfacer los deseos de la carne.
7. Pensar que nuestras influencias son suficientes.

¿Sabes qué? Nosotros solos no podemos hacer nada, pues nuestra condición humana se impondrá siempre. El apóstol Pedro ilustra muy bien lo que estamos enseñando:

—Esta misma noche —les dijo Jesús— todos ustedes me abandonarán, porque está escrito:

»"Heriré al pastor,
y se dispersarán las ovejas del rebaño".

Pero, después de que yo resucite, iré delante de ustedes a Galilea».
—Aunque todos te abandonen —declaró Pedro—, yo jamás lo haré.
—Te aseguro —le contestó Jesús— que esta misma noche, antes de que cante el gallo, me negarás tres veces.
—Aunque tenga que morir contigo —insistió Pedro—, jamás te negaré.
Y los demás discípulos dijeron lo mismo. (Mateo 26:31-35)

¿Percibes cómo se llama esa actitud de Pedro? ¡Subestimar lo que somos en realidad! Además, ¡subestimar lo que Jesús puede lograr en nosotros siempre que nos pongamos en sus manos!

Por lo tanto, si alguien piensa que está firme, tenga cuidado de no caer. (1 Corintios 10:12)

No seas ingenuo, no te confíes. Tampoco te creas que eso solo les sucederá a otros, pero no a ti. ¡No te atrevas a negar tus debilidades! No pienses que tus pecados no son tan malos... Si te crees fuerte, vigila esa fortaleza, pues puede convertirse en tu debilidad. Si juzgas sin piedad a otros, tal vez caigas en situaciones peores. Solemos ocultar nuestros errores por miedo a la desaprobación. Nuestra inclemencia para con otros no es más que semillas de fracasos que siembras para ti. Nosotros no somos la excepción, no somos invulnerables, como piensas que es la persona a la que difamaste.

¿Sabes por qué muchas veces hablamos sin pensar? Porque ponemos nuestros labios en movimiento antes de poner la mente en marcha. Juzgar a los demás es una señal de frustración y cobardía... Cuidemos lo que decimos, pues esto se convertirá en un «detonante» que nos martirizará mientras vivamos. Tengo la seguridad que cuando Pedro escuchaba cantar a un gallo, recordaba las palabras de Jesús. ¡Ese era su detonante! Estoy seguro que el detonante de Jonás era cuando miraba el mar.

Pongan todas sus preocupaciones y ansiedades en las manos de Dios. (1 Pedro 5:4, NTV)

¿Cómo vas a enfrentar tus fracasos? ¿De la manera que lo hizo Judas o igual que lo hizo Pedro? *La arrogancia es el síndrome de la incapacidad, así como la incapacidad es la piedra en el zapato para no caminar bien.* Todas nuestras debilidades debieran reflejar lo que somos en el Señor, pero lo lamentable es que no es así. Por lo que anteponemos al hombre «natural» por encima del hombre «espiritual». Esto último requiere paciencia, perseverancia y constancia. No nos desanimemos si no vemos resultados inmediatos.

Nos han preparado partiendo de la perspectiva de los hombres, de ahí que sintamos a menudo el desánimo. Es preciso tener en cuenta la parábola del sembrador, quien no se desanimó y siguió tirando semillas hasta lograr su objetivo:

Pero las otras semillas cayeron en buen terreno, en el que se dio una cosecha que rindió treinta, sesenta y hasta cien veces más de lo que se había sembrado. (Mateo 13:8)

Mira, esta es una ilustración fuera de lo común. Si el sembrador se hubiera desanimado por lo insignificante de su siembra anterior, nada hubiera conseguido.

Sí, estamos llenos de indiferencias e incapacidades. Sin embargo, esto no debe ser un obstáculo para no proseguir. Recordamos del famoso escritor José Ingenieros el siguiente pensamiento:

Cuando pones la proa visionaria hacia una estrella y tiendes el ala hacia tal excelsitud inasible, afanoso de perfección y rebelde a la mediocridad, llevas en ti el resorte misterioso de un ideal[2].

Este pensamiento de Ingenieros versa sobre su obra *El hombre mediocre*. Además, expone que tal hombre es incapaz de usar su imaginación para concebir ideales que le propongan un futuro por el cual luchar. De ahí que se vuelva sumiso a toda rutina o prejuicio, y que sea domesticable. De ese modo entra a formar parte de un rebaño o colectividad, cuyas acciones o motivos no cuestiona, sino que sigue ciegamente.

El mediocre es dócil, maleable e ignorante. Es un ser negativo, carente de personalidad, contrario a la perfección, solitario y cómplice de los intereses creados que lo hace borrego del rebaño social. Vive según las conveniencias y no logra aprender a amar. En su vida acomodaticia se vuelve vil, escéptico y cobarde. Los mediocres no son genios, héroes ni santos.

Según Ingenieros, el hombre mediocre no acepta ideas distintas a las que ya recibió por tradición. Es más, no se da cuenta de que las creencias son relativas al que las cree. El filósofo y psicólogo francés Théodule-Armand Ribot llama «indiferentes» a los que viven sin que adviertan su existencia. «No tienen voz, sino eco»[3]. El hombre mediocre es una sombra proyectada sobre la sociedad. Lo que ayer fue ideal contra rutina, mañana será rutina contra ideal. La rutina es el hábito de renunciar a pensar.

A nuestra manera de ver las cosas, en el universo existen cuatro tipos de personas:

1. Los que no piensan, porque otros piensan por ellos.
2. Los que piensan y no admiten otras ideas, sino solo las suyas.
3. Los que viven en las sombras porque les asusta la luz.
4. Los que reconocen sus debilidades, pero no están dispuestos a luchar en su contra y vencerlas.

Nos sorprenden las enseñanzas del Maestro de Galilea. Él señaló nuestras ineptitudes y, al mismo tiempo, enseñó que a pesar de todo podíamos ser perfectos. Esto parecía una paradoja o algo contrario a la lógica. ¡Pero no es así! He aquí la paradoja que declaró Jesús:

Lo que es imposible para los hombres es posible para Dios. (Lucas 18:27)

Por tanto, sean perfectos, así como su Padre celestial es perfecto. (Mateo 5:48)

Y ahora surge la gran pregunta: ¿Cómo un pecador lleno de mediocridades, limitaciones, luces a medias y vulnerabilidades puede llegar a ser perfecto? ¿Se equivocaría Jesús? Dejemos que William Barclay nos aclare un poco el concepto:

Aquí tenemos la clave de una de las frases más difíciles del Nuevo Testamento: La frase con que termina este pasaje. Jesús dijo: «Por tanto, tenéis que ser perfectos como vuestro Padre celestial es perfecto». A primera vista, esto suena como un mandamiento que no es posible que se refiera a nosotros. No hay nadie que considere que podemos ni acercarnos a la perfección de Dios.

La palabra griega para perfecto *es* teleios. *Esta palabra se usa a menudo en griego en un sentido muy especial. No tiene nada que ver con lo que podríamos llamar perfección abstracta o metafísica. Una víctima que es apta para el sacrificio a Dios, que no tiene defecto, es* teleios. *Un hombre que ha alcanzado su plena estatura es* teleios *en contraposición a un chico que está creciendo. Un estudiante que ha alcanzado un conocimiento maduro de su asignatura es* teleios *en oposición a otro que no ha hecho más que empezar y que todavía no ha captado suficientemente las ideas.*

Para decirlo de otra manera: La idea griega de la perfección es funcional. *Una cosa es perfecta si cumple plenamente el propósito para el que fue pensada, diseñada, y hecha. De hecho, ese sentido se implica en los derivados de esta palabra.* Teleios *es el adjetivo que se forma del nombre* telos. Telos *quiere decir fin, propósito, objetivo, meta. Una cosa es* teleios, *si cumple el propósito para el que fue planificada; una persona es perfecta si cumple el propósito para el cual fue creada.*

Tomemos una analogía muy sencilla. Supongamos que tenemos un tornillo suelto en casa y queremos ajustarlo. Echamos mano de un destornillador, y vemos que se ajusta perfectamente a la mano y a la cabeza del tornillo. No es ni demasiado grande ni demasiado pequeño, ni demasiado áspero ni demasiado suave. Lo ajustamos a la muesca del tornillo, y nos damos cuenta de que encaja perfectamente. Le damos las vueltas necesarias y el tornillo queda fijo. En el sentido griego, y especialmente en el del Nuevo Testamento, ese destornillador es teleios, *porque cumple perfectamente el propósito para el que lo necesitábamos.*

Así pues, una persona es teleios *si cumple el propósito para el que fue creada. ¿Con qué propósito fue creada la persona humana? La Biblia no nos deja en la menor duda en esto. En la antigua historia de la creación hallamos a Dios diciendo:*

«Hagamos al hombre a Nuestra imagen, conforme a Nuestra semejanza» (Génesis 1:26). El hombre fue creado para parecerse a *Dios. La característica de Dios es esta benevolencia universal, esta inconquistable buena voluntad, este constante buscar el bien supremo de cada criatura. La gran característica de Dios es Su amor al santo y al pecador por igual. No importa lo que los hombres le hagan: Dios no busca nada más que su bien supremo. Eso es lo que ve en Jesús.*

Cuando se reproduce en la vida de una persona la benevolencia incansable, perdonadora, sacrificial de Dios, esa persona se parece a Dios, y es por tanto perfecta *en el sentido de la palabra en el Nuevo Testamento. Para decirlo de una manera todavía más sencilla: La persona que se interese más por los demás será la persona más perfecta.*

La enseñanza de la Biblia es unánime en decir que realizamos nuestra humanidad solamente pareciéndonos a Dios. Lo único que nos hace semejantes a Dios es el amor que nunca deja de preocuparse por los hombres, le hagan lo que le hagan. Realizamos nuestra humanidad, alcanzamos la perfección cristiana, cuando aprendemos a perdonar como Dios perdona, y a amar como Dios ama[4].

Sin duda, somos ineptos, aprendices y muy vulnerables. Entonces, si queremos impactar, debemos matar las diferencias entre lo que dice el mundo y lo que enseña la Palabra de Dios.

Lo que dice el mundo

Entre otras cosas, el mundo declara lo siguiente:

- El orgullo distingue a las personas
- Lo más importante es lo que logramos conseguir aquí
- El éxito es el todo en la vida
- Los logros académicos te hacen relevante

- Ve siempre delante de los demás, aunque tengas que agredir
- Defiéndete como puedas
- Defiéndete hasta con las uñas
- Sobresale a como dé lugar
- Salva tu vida del modo que sea
- Pon tus pies sobre la tierra y deja de soñar
- Los logros son las columnas de la vida
- No le soportes nada a nadie
- Goza la vida
- No permitas que nadie te domine
- El dinero lo es todo en la vida
- Camina por vista
- Tiene que ser como lo planifiqué yo
- Nunca lo voy a perdonar
- ¡Mi dios soy yo!

Lo que dicen los del Reino

En cuanto a los que pertenecemos al Reino, las declaraciones son cosas como estas:

- La humildad es esencial
- Lo espiritual es básico
- Las verdaderas conquistas dependen de mi relación con Dios
- Ser un siervo del Señor es el título más significativo
- Practicar la gran máxima: Los postreros serán los primeros
- El Señor es el que consigue tus derechos
- El Señor dice: Mía es la venganza
- El que se humilla será exaltado
- El que pierda su vida por mí, la hallará
- Ponte de rodillas ante Dios y te irá bien
- Mi contacto estrecho con el Señor será mi mejor edificio
- Toma tu cruz y sigue a Jesús
- Muere a los deseos para vivir

- Permítele al Señor gobernar tu vida
- El gozo te llega cuando dejas al Señor gobernar tu vida
- Camina por fe
- Deja que se haga la voluntad de Dios en tu vida
- Haz bien al que te causó el mayor dolor
- Hay un solo Dios

Deseo terminar este capítulo hablándoles de Jorge Müller. De joven era un ladrón. A los dieciséis años lo metieron en la cárcel. Un tiempo después cuando salió libre, decidió estudiar y, para saldar su colegiatura, falsificó pagos a fin de poder permanecer en la universidad. Conoció a Cristo y su vida dio un extraordinario vuelco sin precedentes. Abrió un orfanato, y al siguiente año abrió dos más. Solo se apoyaba en Dios para recibir los víveres, ropa y todo lo demás que necesitaban los huérfanos. Nunca le pidió dinero a nadie y decía:

Mi Dios, pues, suplirá todo lo que os falta conforme a sus riquezas en gloria en Cristo Jesús. (Filipenses 4:19, RVR60)

Sí, somos muy vulnerables, ¡pero no por eso vivimos en la prisión de esa maldición!

Cristo nos rescató de la maldición de la ley al hacerse maldición por nosotros. (Gálatas 3:13)

El mundo empuja, pero Satanás colabora. El Espíritu Santo nos atrae hacia sí y usa medios tales como la oración, la lectura bíblica, la adoración, la alabanza, la experiencia, el servicio activo y la militancia en la vida de la iglesia local.

En verdad que la noche se avecina,
que ya en mi senda se inició el ocaso,
con un sereno atardecer de raso
que borda el vuelo de una golondrina.
Es verdad que mi planta peregrina

sintiose débil y detuvo el paso,
cuando aún estaba a mitad del vaso
que me brindó la juventud divina [...]
ya no más entre el frío mañanero,
he de seguir el húmedo sendero
que es una invitación del horizonte;
mientras el sol, con áureo desvarío
palpita en cada gota de rocío
como si fuese el corazón del monte[5].

CAPÍTULO 5

EL CASO CLÁSICO: ¡JUDAS ISCARIOTE!

—

Judas Iscariote es el caso típico de una persona muy vulnerable. Este capítulo lo dediqué a exponer los incidentes y «atenuantes» de lo que titulé «El caso clásico: ¡Judas Iscariote!». Como preámbulo, permíteme preguntarte algo que muchísimas personas se hacen al pensar en los siguientes personajes bíblicos: «¿Estarán en el cielo o en la condenación eterna individuos como Saúl, Salomón, Jonás, Anás, Caifás, Pilato y su esposa, Judas Iscariote u otros?». ¡Solo Dios lo sabe! Aun así, requieren un buen análisis.

De acuerdo con fuentes extrabíblicas y reconstrucciones históricas basadas en los textos evangélicos y en los llamados evangelios apócrifos (en griego, «oculto, secreto»), Judas Iscariote nació en un pueblo llamado Cariot, en Judea. Fue hijo de un tal Simón (Juan 6:71). Además, militó entre los escogidos del Señor para la honrosa posición del apostolado.

A juzgar por su carácter, da la impresión de que siguió a Jesús con desmedidas ambiciones materiales. Jesús no menciona nunca nombres, pero hizo frecuentes alusiones a la futura traición de uno de los apóstoles (Juan 6:70). Por sus habilidades en las matemáticas, a Judas se le confió el cuidado de la bolsa común del dinero. Sin embargo, traicionando la confianza de todos se daba a la avaricia al tomar lo que no era suyo.

Cuando María de Betania, en un gesto de desprendimiento y gran amor, quebró un vaso de alabastro y ungió los pies del Señor, Judas calificó aquel acto como un «desperdicio». De seguro pensó: «El gran valor de esa esencia pudo haber sido mío» (lee Juan 12:5-6). Tal era su deseo materialista, que convino con las autoridades judías en traicionar al Maestro por treinta monedas de plata (el precio establecido para un esclavo o el precio que se paga para liberarlo).

Ese fue el comienzo para buscar la forma de entregar al Señor (Mateo 26:14-16; Marcos 14:10-11; Éxodo 21:32; Zacarías 11:12-13). El diablo puso en la mente de Judas el deseo criminal de la entrega (Juan 13:2). Durante la cena, de manera muy sutil el Señor les dijo a sus discípulos algunas ideas poco claras sobre quién le iba a entregar (Mateo 26:21-25; Marcos 14:20; Juan 13:26).

Todavía estaba hablando Jesús cuando llegó Judas, uno de los doce. Lo acompañaba una gran turba armada con espadas y palos, enviada por los jefes de los sacerdotes y los ancianos del pueblo. El traidor les había dado esta contraseña: «Al que le dé un beso, ese es; arréstenlo». En seguida Judas se acercó a Jesús y lo saludó.

—¡Rabí! —le dijo, y lo besó.

—Amigo —le replicó Jesús—, ¿a qué vienes?

Entonces los hombres se acercaron y prendieron a Jesús. (Mateo 26:47-50).

Cuando Judas, el que lo había traicionado, vio que habían condenado a Jesús, sintió remordimiento y devolvió las treinta monedas de plata a los jefes de los sacerdotes y a los ancianos.

—He pecado —les dijo— porque he entregado sangre inocente.

—¿Y eso a nosotros qué nos importa? —respondieron—. ¡Allá tú!

Entonces Judas arrojó el dinero en el santuario y salió de allí. Luego fue y se ahorcó. (Mateo 27:3-5)

Los jefes de los sacerdotes recogieron las monedas y dijeron: «La ley no permite echar esto al tesoro, porque es precio de sangre». Así que resolvieron comprar con ese dinero un terreno conocido como Campo del Alfarero, para sepultar allí a los extranjeros. Por eso se le ha llamado Campo de Sangre hasta el día de hoy. (Mateo 27:6-8)

Por aquellos días Pedro se puso de pie en medio de los creyentes, que eran un grupo como de ciento veinte personas, y les dijo: «Hermanos, tenía que cumplirse la Escritura que, por boca de David, había predicho el Espíritu Santo en cuanto a Judas, el que sirvió de guía a los que arrestaron a Jesús. Judas se contaba entre los nuestros y participaba en nuestro ministerio. (Con el dinero que obtuvo por su crimen, Judas compró un terreno; allí cayó de cabeza, se reventó, y se le salieron las vísceras. Todos en Jerusalén se enteraron de ello, así que aquel terreno fue llamado Acéldama, que en su propio idioma quiere decir "Campo de Sangre"). (Hechos 1:15-19)

En referencia a ese acto, el apóstol Pedro (Hechos 1:20) cita los Salmos 69:25 y 109:8. Así que, a continuación, te exhorto a que consideres o analices conmigo los aspectos sobresalientes del personaje y sus acciones antes, durante y después de los hechos.

La entrega del Señor fue voluntaria, profética y no solo debido a la decisión del traidor (Juan 18:4-12; Mateo 26:56). Me llama la atención la expresión de Jesús: *«De los que me diste ninguno se perdió»* (Juan 18:9). ¿Excluía esto a Judas? Observamos que Jesús ignoró un tanto a Judas cuando llegaron a prenderle y se dirigió al grupo. Observa el uso del plural:

—¿Acaso soy un bandido, para que vengan con espadas y palos a arrestarme? Todos los días me sentaba a enseñar en el templo, y no me prendieron. (Mateo 26:55)

Además, ten en cuenta la escapada masiva del discipulado:

Entonces todos los discípulos lo abandonaron y huyeron. (Mateo 26:56)

Por otra parte, si una persona se ahorca y luego cae sobre el suelo, no tiene por qué reventarse con la caída... ¿Qué fue lo que produjo esto en realidad? Debido a las costumbres de la Pascua, quizá Judas llevara colgado varios días y que al final su cuello se desprendiera del cuerpo.

La persona que se suicida, solo lo hace por dos razones: Cuando la carga emocional sobrepasa a la consecuencia de su delito o cuando esta rompe su estructura de resistencia psíquica. De modo que se produce un bloqueo mental que incapacita al sujeto para tomar decisiones normales. Es más, llega un colapso psicológico a tal grado que no hay percepción de la realidad. Los psicólogos y teólogos concluyen que, en tal caso, se exonera al individuo de la responsabilidad consciente y que sus decisiones son irrazonables e involuntarias. Dejo a tu arbitrio tomar o asumir la opinión que creas más lógica desde el punto de vista bíblico en el caso Judas.

¿Condena la Biblia el suicidio? El sexto mandamiento dice: «No mates» (Éxodo 20:13), y suicidarse también equivale a matarse uno mismo. Sin embargo, esto necesita analizarse: Los problemas graves, que pueden incluir drogadicción, alcoholismo o enfermedades genéticas, pudieran tomar el control. En el caso de que la vulnerabilidad sea la que determine, el problema es diferente.

Si una persona cristiana ha estado atada a una de estas situaciones (que han sobrepasado sus niveles de raciocinio) y se suicida, ¿Dios la va a condenar durante una eternidad por esto? El juicio final es una prerrogativa de Dios que se le ha delegado a Jesucristo y no a nosotros (Juan 5:22). A menos que sea el pecado imperdonable, ¡Dios no juzga por un solo error! (Santiago 2:13).

¿Cómo catalogarías la psicología, el carácter y las decisiones de Judas? Creo que más que los conceptos de psicología sobre el tema, debe interesarnos el criterio bíblico. En este caso, todo parece indicar que sus claudicaciones se debieron a una entrega intelectual y no volitiva de su vida al Señor. No obstante, la vulnerabilidad en la persona de Judas era tan sobresaliente que podemos pensar cualquier cosa negativa de él. Puesto que la vulnerabilidad es un arma muy poderosa, debemos afinar bien las cuerdas que son capaces de impedir que nos arroje al pantano de la incertidumbre o nos ate al tronco de lo insólito. En el capítulo siguiente hablaremos sobre las cuerdas que te ayudarán en tu lucha contra la vulnerabilidad.

Ahora, hagamos el siguiente ejercicio. Busca en tu mente personas que fueron discípulos, pero que no lo son en este momento. Se trata de personas descarriadas, inactivas, mediocres en lo espiritual, apóstatas, enfermas mentales, frías de espíritu, que asistían a la iglesia, pero dejaron de hacerlo. Después, pregúntate: «¿En qué aspecto me parezco a ellas?». Luego, ora...

¿Qué influencias desviadoras forzaron a Judas? (Proverbios 14:12; Jeremías 21:8)

¿Quiénes de ustedes se han perdido en alguna ocasión? Nadie se pierde a propósito. Cada viajero se propone llegar a su destino, pero hay influencias y circunstancias que nos desvían del rumbo adecuado. Por ejemplo, en el vuelo 965 que salió de Miami con rumbo a Colombia, murieron más de cien personas. Lo mismo se puede decir de la vida espiritual. Vamos a considerar tres de estas influencias desviadoras:

1. Se desconoce el buen camino.
2. Una señal engañosa.
3. Un guía inexperto.

Un viajero solitario en el alpino andino se detiene perplejo. El camino se divide... La noche... El frío... Se recrimina por no tomar mejor las direcciones. Por fin escoge una senda... Cuando debiera haber llegado al pueblo, le sorprende una tormenta entre los picos nevados por lo que anda extraviado por completo. ¡Perece en la noche! ¿Por qué? ¡No conocía el buen camino! Es necesario conocer bien el lugar por el que vas y hacia dónde vas. Investigar... preguntar... auxiliarnos... conocer las señales... En el infierno hay millones de personas que creían conocer bien hacia dónde iban, pero resultó que estaban equivocadas...

Hay caminos que al hombre le parecen rectos, pero que acaban por ser caminos de muerte. (Proverbios 14:12)

Para tal fin, se necesita llevar un mapa: *La Biblia*. Además, se necesita un radar (aparato de detección por medio de ondas hertzianas o las ondas electromagnéticas) que permite localizar con exactitud a grandes distancias aviones, barcos, etc. *Jesús es la Brújula, mientras que la oración, la Biblia y el Espíritu Santo son radares perfectos.* Es importante descubrir las señales adecuadas:

El SEÑOR dice: «Yo te instruiré, yo te mostraré el camino que debes seguir; yo te daré consejos y velaré por ti. (Salmo 32:8)

Algunas veces las señales están marcadas con sangre, pero son las que indican el camino hacia la liberación. Por ejemplo, la muerte de los primogénitos y los hebreos en Egipto (Éxodo 11:1-12). También están las rojas manchas sobre las arenas hacia el Gólgota.

Cierto piloto de un avión volaba cerca de la frontera de un país enemigo. En su radio buscó la señal que debía guiarle. Sintonizó y tomó lo que creía que era la señal apropiada. Corrigió el rumbo. Al poco rato, está volando sobre territorio enemigo. El avión cae a tierra... Una señal engañosa lo desvió.

Muchos senderos doctrinales parten del camino real y luego tuercen el rumbo... Hay muchas falsas señales. En tiempo de guerra no podemos hacerle caso a cualquier señal, pues los enemigos tiran luces de bengala. Jesucristo dijo:

«Cuando un espíritu maligno sale de una persona, va por lugares áridos buscando un descanso. Y, al no encontrarlo, dice: "Volveré a mi casa, de donde salí". Cuando llega, la encuentra barrida y arreglada. Luego va y trae otros siete espíritus más malvados que él, y entran a vivir allí. Así que el estado final de aquella persona resulta peor que el inicial».

Mientras Jesús decía estas cosas, una mujer de entre la multitud exclamó:

—¡Dichosa la mujer que te dio a luz y te amamantó!

—Dichosos más bien —contestó Jesús— los que oyen la palabra de Dios y la obedecen.

Como crecía la multitud, Jesús se puso a decirles: «Esta es una generación malvada. Pide una señal milagrosa, pero no se le dará más señal que la de Jonás. Así como Jonás fue una señal para los habitantes de Nínive, también lo será el Hijo del hombre para esta generación. (Lucas 11:25-30)

Un grupo de cazadores aceptan los servicios de un «guía», quien le asegura que conoce el terreno como la palma de su mano. Cuando se internan en la selva, lo siguen con sumo cuidado. Sin embargo, todos pierden la vida porque su «guía» no tenía ninguna experiencia y fue el primero en extraviarse.

Son guías ciegos. Y, si un ciego guía a otro ciego, ambos caerán en un hoyo. (Mateo 15:14)

Algunos guías falsos

A través de los tiempos, hemos visto muchos guías falsos. Entre estos, podemos encontrar:

1. Comunismo: Marx, Lenin, Mao (materialismo).
2. Mormonismo: José Smith (Adán, el dios de este mundo).
3. Adventismo: Ellen G. White (legalismo).
4. Testigos de Jehová: Russel (Cristo era un ángel).

5. Budismo: Buda (este es su dios).
6. Islamismo: Mahoma (Alá es su dios).

La Biblia, en cambio, nos guía sin falsedad alguna:

> *Entonces tus oídos oirán a tus espaldas palabra que diga: Este es el camino, andad por él; y no echéis a la mano derecha, ni tampoco torzáis a la mano izquierda.* (Isaías 30:21, RVR60)

> *«Hagan sendas derechas para sus pies», para que la pierna coja no se disloque, sino que se sane.* (Hebreos 12:13)

Jesús era y es el Maestro, Guía y Salvador seguro... Judas vivió con Él y le servía... Sin embargo, terminó ahorcándose. Millones de Judas, de una forma u otra, han terminado en la misma condenación.

Es necesario tener la seguridad de estar sellado por el Espíritu Santo para no terminar como Judas (Efesios 1:13; 4:30).

Judas vivió con el guía perfecto y perdió el rumbo... ¡Qué desdicha!

> *Tres años vivieron juntos,*
> *comiendo en la misma mesa,*
> *una traición, ¡cuánto peso!*
> *¿Solamente con un beso?*
> *Son besos de una mentira,*
> *el beso que nada inspira.*

> *Hay besos color cetrino,*
> *son señales de un destino,*
> *con los Judas no se lucha,*
> *ellos se ahorcarán solitos.*
> *No odies a los traidores,*
> *nacieron pues sin pudores.*

CAPÍTULO 6

TUS PUNTOS DÉBILES

—

¿Alguna vez has pensado en tus puntos débiles? Préstales mucha atención. De lo contrario, te convertirás en una persona muy vulnerable (Apocalipsis 3; Romanos 6). También observa y después analiza lo que dice Apocalipsis 3:16 (RVR60):

> Pero por cuanto eres tibio, y no frío ni caliente, te vomitaré de mi boca.

Cuidemos nuestros puntos débiles. Si no lo hacemos, seremos muy vulnerables. Sardis es el nombre de una cuidad del Asia Menor, mencionada por el apóstol Juan en el libro de Apocalipsis (Apocalipsis 3:1-6). En Sardis había una iglesia entretenida en lo menos importante. Estaba absorta en la adquisición de bienes materiales, medio entregada a la mundanalidad y sin visión espiritual. En tales condiciones, nada de lo que hacía agradaba a Dios.

Aquí encontramos una lección muy práctica: La enajenación por cosas fuera de la voluntad de Dios hará que perdamos toda visión de carácter espiritual (Mateo 6:12-13). Si tú quieres ser fuerte y tener influencia, deberás establecer dentro de ti el señorío de Cristo. ¿Que cómo se logra? Observando lo que Dios pide de ti:

> *¿Qué te pide el Señor tu Dios? Simplemente que le temas y andes en todos sus caminos, que lo ames y le sirvas con todo tu corazón y con toda tu alma, y que cumplas los mandamientos y los preceptos que hoy te manda cumplir, para que te vaya bien.* (Deuteronomio 10:12-13)

¿Ya lo ves? Hay un remedio... Aun así, los reproches de Dios son como latigazos al corazón:

> *Sé vigilante, y afirma las otras cosas que están para morir; porque no he hallado tus obras perfectas [en griego, «completas»] delante de Dios. Acuérdate, pues, de lo que has recibido y oído; y guárdalo, y arrepiéntete.* (Apocalipsis 3:2-3, RVR60)

Dios merece toda excelencia y perfección. Por lo tanto, no te desanimes, sino mantente vigilante, afirma tus convicciones y no te olvides del arrepentimiento. Tú eres débil, pero Dios es fuerte.

Melito, el pastor de Sardis (siglo II d. C.), fue eminente por su piedad y erudición. Según datos de historiadores, escribió una carta defendiendo el canon de las Sagradas Escrituras. Sardis tenía fama entre todas las iglesias por estar viva. Sin embargo, el Escudriñador de los corazones la declaró muerta (3:1). «Se vigilante» (3:2), lo que en griego significa: «Llega a ser lo que ahora no eres».

Setecientos años antes de Cristo, Sardis fue capital del reino de Lidia. Aquí reinaba Creso, considerado el hombre más rico de la antigüedad. El punto débil o vulnerable de esa ciudad fue descuidar su vigilancia y, por eso, un general de Alejandro Magno atacó la ciudad y la conquistó. La falta de vigilancia es con frecuencia la más trágica equivocación que podamos cometer en la vida. Esto convirtió a Sardis en una ciudad vulnerable. Si no les prestas atención a tus puntos sensibles, como en el caso de Sardis, serás muy vulnerable.

El gran escritor Homero, en su famosa obra la *Ilíada*, narra cómo un caballo de madera escondió a cientos de soldados. Después de aguardar la madrugada, cuando todos dormían, salieron del corcel, invadieron la ciudad y la tomaron por sorpresa. Cuida los caballos dentro de ti y sus jinetes. Te pueden convertir en alguien vulnerable. ¿Cuál es tu mayor fuerza? ¿La libertad en Cristo o la vulnerabilidad? Reconsidera las palabras de estos pasajes bíblicos:

Así que, si el Hijo los libera, serán ustedes verdaderamente libres. (Juan 8:36)

De la misma manera, también ustedes considérense muertos al pecado, pero vivos para Dios en Cristo Jesús. Por lo tanto, no permitan ustedes que el pecado reine en su cuerpo mortal, ni obedezcan a sus malos deseos. (Romanos 6:11-12)

Cuando Jesús habló de libertad, los judíos se sintieron incómodos y se irritaron. Aseguraban que nunca fueron esclavos de nadie (Juan 8:33). Tenían mala memoria, pues fueron esclavos de otros pueblos.

Judas de Galilea fue un célebre guerrero judío que organizó una rebelión contra los romanos. El famoso historiador Josefo, hablando de esto, dijo: «Sienten un apego inviolable hacia la libertad y dicen que Dios debe ser su único líder y Señor»[1].

Cirilo de Jerusalén, durante el reinado de Constantino (310-386 d. C.), escribió sobre José diciendo: «A José lo vendieron para que fuera un esclavo. Sin embargo, era libre y radiante en la belleza de su alma».

Decirle a un judío que podría llegar a ser esclavo era un insulto terrible, pero cuando Jesús habló de ser libre, no le entendieron bien. Él habló de la mayor de las esclavitudes y de la mayor de las libertades...

El filósofo griego Sócrates dijo: «¿Cómo podéis decir que un hombre es libre cuando los placeres lo dominan?». Más tarde, el apóstol Pablo habló de este asunto:

Pero gracias a Dios que, aunque antes eran esclavos del peca-do, ya se han sometido de corazón a la enseñanza que les fue transmitida. En efecto, habiendo sido liberados del pecado, ahora son ustedes esclavos de la justicia. Hablo en términos humanos, por las limitaciones de su naturaleza humana. An-tes ofrecían ustedes los miembros de su cuerpo para servir a la impureza, que lleva más y más a la maldad; ofrézcanlos ahora para servir a la justicia que lleva a la santidad. Cuando uste-des eran esclavos del pecado, estaban libres del dominio de la justicia. (Romanos 6:17-20)

Un hombre puede permitir que un hábito o un vicio lo domi-nen de tal forma que no pueda liberarse de ellos... ¡y esto es tam-bién esclavitud! Séneca decía: «Odia y ama tus pecados al mismo tiempo». Jesús pronunció una velada amenaza en Juan 8:35:

El esclavo no se queda para siempre en la familia; pero el hijo sí se queda en ella para siempre.

En el pasaje en cuestión observamos que los judíos, por ser descendientes de Abraham, se creían libres y salvos por comple-to. Analiza estos pasajes bíblicos:

¡Ustedes, descendientes de Abraham su siervo! ¡Ustedes, hijos de Jacob, elegidos suyos! (Salmo 105:6)

El Espíritu del Señor omnipotente está sobre mí, por cuanto me ha ungido para anunciar buenas nuevas a los pobres. Me ha enviado a sanar los corazones heridos, a proclamar libe-ración a los cautivos y libertad a los prisioneros. (Isaías 61:1)

La admiración hacia Abraham era legítima, pero las deduccio-nes eran erradas. Hay quienes tratan de vivir de un apellido, de una descendencia, de un nombre. Sin embargo, ningún hombre, ninguna iglesia, ningún gobierno y ningún país deben vivir de los logros del pasado. Eso era con exactitud lo que trataban, y tratan, de hacer los judíos y no solo ellos... ¡Qué terrible es señalar con el dedo a otros y no ver tu situación!

Solo Cristo rompe las cadenas y hace fuerte a los débiles. Él dijo:

> *Ustedes son de su padre, el diablo, cuyos deseos quieren cumplir. Desde el principio este ha sido un asesino, y no se mantiene en la verdad, porque no hay verdad en él. Cuando miente, expresa su propia naturaleza, porque es un mentiroso. ¡Es el padre de la mentira!* (Juan 8:44)

Jesús resaltó el hecho de que, si de verdad fueran hijos de Abraham, pertenecerían a Jesús. Más tarde, Pablo lo dice de esta forma:

> *Y, si ustedes pertenecen a Cristo, son la descendencia de Abraham y herederos según la promesa.* (Gálatas 3:29)

¿De qué monstruosos pecados los acusaba Jesús de forma indirecta? Veamos:

1. Lo rechazaban.
2. Buscaban cómo eliminarle.
3. Decían que María le fue infiel a José teniendo relaciones ilícitas con un soldado romano llamado Pantera, y que Jesús era el fruto ilegítimo de esa unión.

Se cuenta de una famosa pintura en la que figuraba un barril de vino abierto y derramado sobre el piso. La tierra se lo tragó y eso no lo previó el vino... El vino, queriendo ser libre, luchó dentro del barril hasta que lo rompió y se derramó sobre el suelo. Muchas personas, queriendo ser libres, rompen las leyes de Dios y se convierten en esclavas perdidas.

Nuestra naturaleza empuja las paredes que la contiene, rompe con todo, y nos hace tan vulnerables que terminamos lamidos por nuestro entorno. ¡No permitas eso! Asegúrate de que tu barril sea Cristo y nadie más, y que tu vino sea el Espíritu Santo y nadie más.

Como primer ejercicio, construye un mapa de tu naturaleza humana y señala tus puntos débiles. Luego, pon un versículo bíblico sobre esos puntos y debajo una oración rogando perdón y liberación. Para el segundo ejercicio, construye otro mapa de la naturaleza humana y señala tus puntos fuertes. Una vez hecho, analiza si en efecto esos son tus puntos fuertes. Muchas veces vivimos equivocados y eso es muy peligroso.

En el tercer ejercicio, señala siete puntos débiles y siete fuertes (según tú) y preséntalos en oración al Señor. Estos ejercicios te harán entender tres cosas:

1. Aspectos sensibles o vulnerables.
2. Incapacidad humana para resolverlos solo.
3. Necesidad de una fuerza sobrenatural para liberarte y esa fuerza se llama Jesús.

Después de poner atención a tus puntos débiles, considera las sorpresas que te aguardan si pones tu corazón en las manos de Jesús. Alguien dijo que «tenemos un Dios de secuencias infinitas». No debieras sentirte solo, pues la omnipresencia de Dios pudiera ser tu aliada. ¡De ti depende!

¿A dónde podría alejarme de tu Espíritu? ¿A dónde podría huir de tu presencia? Si subiera al cielo, allí estás tú; si tendiera mi lecho en el fondo del abismo, también estás allí. Si me elevara sobre las alas del alba, o me estableciera en los extremos del mar, aun allí tu mano me guiaría, ¡me sostendría tu mano derecha! (Salmo 139:7-10)

Señor, gracias por saber que...
Eres la persona más imprevisible de la vida.

Podemos ver la luz del sol saltando sobre el agua del mar. Podemos ver los sauces haciéndole reverencia al río cuando mueven sus ramas. Podemos amar todo lo me has dado. Podemos mirar las estrellas y poéticamente pedirle algún deseo.

Tú no puedes vivir sin nosotros y nosotros no podemos vivir sin ti. Siempre deseaste que *no* fuéramos frágiles...

Señor, gracias por saber que...
Jesús insistía en que Dios estaba loco de amor por nosotros... y lo sigue estando... Jesús se despidió de la tierra con elegancia y sin rencores... Dios nos quiere de regreso... Después de Adán *no* todo está perdido.

Los que juzgan se van después de haber tirado sus piedras... Gracias porque perdonaste a esa mujer... a ese hombre y a nosotros.

Jesús pronunció su tremenda absolución antes de que la mujer pecadora se lo pidiera...

Yo no sé si te has fijado que su amor pareciera positivamente escandaloso con ella, tan escandaloso que no *apareció* en el Evangelio de Juan hasta después de la muerte del apóstol. ¡Claro que lo sabías!

Señor, gracias por saber que...
El padre no demoró tres meses para *perdonar* a su hijo pródigo... Enseguida que lo vio venir por el camino, abrió sus brazos... Señor, gracias, porque tú también antes de irte abriste tus brazos.

Señor gracias por saber que...
Tu amor libera, justifica, redime, espera, perdona y santifica. Señor, gracias por saber que tú me dices: «Estoy contigo, estoy para ti, estoy en ti. Espero más fracasos de ti que los que tú esperas de ti mismo».

Hoy Dios te dice: «El amor perdona mis *suposiciones*», pues le tememos al fracaso.

Señor, gracias por mis torpezas. Ese es el taller donde me forjas...

Señor, gracias por descubrir la verdad oculta tras las palabras del poeta, novelista, dramaturgo y científico alemán Johann Wolfgang von Goethe: «Los hombres cometen errores siempre y cuando luchan por algo».

Señor, gracias por saber que...

No siempre soy exitoso, optimista y creer que todo está bajo control...

Señor, gracias porque me has enseñado que tengo una naturaleza pecaminosa y eso me hace llegar a las demás personas... y sobre todo a ti.

Señor, gracias porque me atrevo a intentar ser diferente. Sí, por atreverme a cometer errores...

Padre, permite que la *oración* de Nikos Kazantzakis, el famoso filósofo y poeta griego, surja en nuestros corazones con un tono apasionado de conciencia amorosa:

Señor, eres la persona más imprevisible que conozco.
Cuando pienso que finalmente
comencé a descubrirte,
haces algo tan fantástico,
tan completamente inesperado, que me sorprendes.

Creo saber dónde encontrarte,
y luego de repente te me apareces
en los lugares más improbables;
en los momentos más extraños;
en las personas más raras.

Creo que conozco tu voz;
y luego te oigo en una canción de cuna;
en la risa de un anciano;
en el suspiro de una amante.

Creo conocer tu rostro;
y luego te veo en un trastornado mental,
en un edificio de alquiler en ruinas;
en las calles, vagando sin rumbo fijo.

Creo que te conozco bien;
y luego descubro que me falta
mucho de ti por conocer.

Creo que conozco tu amor;
y luego descubro que no he
comenzado a conocerlo.

Gracias, Señor, eres tan imprevisible.
Gracias por maravillarme
fuera de mi cómoda rutina.
Continúa enseñándome que eres
un Dios de sorpresas infinitas.

Nikos Kazantzakis[2]

Señor, déjame ver en las cosas que no entiendo, en el *aula* donde
aprendo a vivir... En ese recinto de la vida donde solo reciben
clases los que vuelan por encima de las estrellas...

CAPÍTULO 7

ASUNTOS CRÍTICOS Y FRÁGILES COMO EL CRISTAL

—

Sin duda, existen otros problemas psicológicos y de vulne-rabilidad que son aspectos críticos del asunto. Según el criterio de destacados científicos, hay fuerzas que operan de manera vigorosa en el comportamiento humano. Entre ellas, las biológicas y sobre todo las psicológicas. La convivencia familiar y la suplencia de las necesidades físicas fundamentales son de seria trascendencia, pero las de carácter psicológico trascienden a las físicas. Las necesidades fisiológicas alcanzan niveles, como los de seguridad, amor, reconocimiento y pro-tección, que hacen de cualquier sociedad un lugar «bastante» estable. Los psicólogos van más allá...

Abraham Maslow, famoso psicólogo estadounidense, agrupó las necesidades existenciales en lo que llamó «jerarquías de las necesidades» y destacó entre ellas *las fisiológicas*. Limitó estas necesidades solo a dos muy básicas que llamó *el deseo del placer* (sexo) y señaló que el instinto (*eros*) siempre estará presente en la vida de cada ser humano, así como la conjugación de tres factores: el «ello», el «yo» y el «superyó».

Freud y Jean Martin Charcot llegaron a la conclusión de que la mayoría de los problemas del ser humano están relacionados con el mismo motivo. El comportamiento humano y su forma de actuar en cualquier sociedad forman parte de este asunto llamado «sexo».

Freud estableció que el sexo está presente en la vida de cada ser humano desde su nacimiento y que su satisfacción se lleva a cabo por etapas, a las que llamó períodos oral, anal, fálico, con el complejo de Edipo y complejo de Electra, y el período heterosexual. Freud enseñó que estos períodos están relacionados con el inconsciente y que, de no tratarse de manera adecuada, podrían causar varios tipos de enfermedades al llegar a la madurez física. De ahí su descubrimiento del psicoanálisis, o sea, liberar a las personas de esos problemas físicos o emocionales (psíquicos). Luego, Freud crea el tratamiento que llamó *asociación libre* y la *hipnosis*. Entonces, descubrió que este método no era del todo adecuado y creó la *interpretación de los sueños*. Otro método que Freud usó también fue el *lapsus linguae*, donde uno sueña lo que desea y dice con torpeza lo que tiene.

De seguro que a nivel de ética y de teología no se han aplaudido mucho todas las ideas de Freud. Entonces, ¿qué hay de valor en esas enseñanzas? Sus ideas sobre el poder del inconsciente le han brindado a la ciencia un campo de gran valor práctico.

Hubo una película basada en hechos reales de la cual su director sacó los datos de un material para un libro que aún no se había publicado llamado *Las tres caras de Eva*. En síntesis, la trama radica en la experiencia de una niña que fue forzada a besar el cadáver frío de su abuela. Eso fue traumático para la niña y causó un trastorno tan fuerte que pasó al inconsciente. Una vez guardado en esa «caja fuerte», al pasar los años y convertirse en una bella mujer, comenzaron a salir disfrazados esos problemas no resueltos. Así que adquiere tres personalidades muy distintas la una de la otra. A veces, se comportaba como una mujer honesta, fiel esposa y madre amante. En otras ocasiones se presentaba como una mujer inmoral y libertina. A través del psicoanálisis, usando la hipnosis y la introspección, el psicólogo logra una retrospección y la paciente regresa a sus experiencias de niña con la abuela, a fin de lograr la liberación y la sanidad absolutas. De esa forma esta mujer consigue su verdadera y definitiva identidad.

He querido referirte a varios aspectos poco valorados por algunas escuelas y por muchísimos religiosos. Sin embargo, lo cierto es que son aportes científicos a la problemática humana. Estas y otras experiencias psíquicas o espirituales son situaciones vividas por millares de personas. Poco tiempo atrás alguien me dijo que no creía nada relacionado con esas cosas y que no le daba valor a ninguna escuela de psicología. «¡Lo siento!», le dije, «pero el volumen de carga no física que el hombre lleva debiera hacerlo pensar mejor. Dios es suficientemente capaz de usar métodos insospechados para aliviar el peso de la humanidad».

Hasta hoy somos incapaces de medir la longitud y la profundidad del mal que Satanás generó en el Edén. Mucho menos somos capaces de comprender todo cuanto ha hecho el Creador para quitarnos un poco de la carga que llevamos, mientras dure el proceso de la renovación absoluta, diseñada para nosotros y que terminará el día final.

Otros aspectos psicológicos: El complejo de inferioridad

El complejo de *inferioridad* es *caldo de cultivo* para la vulnerabilidad. Ha sido motivo de mucha consideración debido a las consecuencias que involucra. En el campo de la psicología y el psicoanálisis, este complejo se describe como un sentimiento mediante el cual una persona se siente inferior a las demás. Al hacer comparaciones con otra persona, alguien descubre que se siente por debajo de esta, causándole un profundo rechazo de sí mismo. Esto puede ocurrir como resultado de una imagen distorsionada de su persona y sucede a nivel del inconsciente. Dicho complejo disminuye las capacidades de una persona muy por debajo de las que tiene en realidad. Entonces, sus frustraciones se convierten en un contrapeso para su avance.

El «complejo de superioridad» es una de las consecuencias del primero. En realidad, no existe como tal, sino que el individuo, presa del anterior, trata de demostrar que sí puede. Este es un sentimiento neurológico que, alimentado por la «competencia», el inconsciente fabrica como barricada o portería de defensa. El término lo acuñó el médico y psicoterapeuta austriaco Alfred Adler.

La exhibición del complejo de superioridad se proyecta con relación a lo que los demás pueden hacer o lograr y «yo no». Los que padecen de estos males se aíslan y muchas veces aparentan ser arrogantes. Se exagera el valor y las habilidades propias. Las expectativas son muy altas e inalcanzables. Con la forma de vestir, el orgullo, el sentimentalismo y la facilidad de ser herido tienden a rechazar los criterios de los demás, a soñar despierto, a evadir el problema de fracasar. Estas son características de los dos complejos. Es interesante notar que los dos complejos están interrelacionados y que no pueden existir el uno sin el otro.

A diferencia de Freud y Jung, Adler subrayó en su escuela sobre el psicoanálisis que las dificultades de las personas tenían sus raíces en el *complejo de inferioridad* y no tanto en el sexo como afirmó Freud. Adler notó que algunos de sus pacientes tenían algún problema físico, como él mismo, y debido a que toda persona busca la compensación, así se adquiría una capacidad extraordinaria para pensar en sus debilidades y en la manera de pasarlas por alto sin hacerse daño. De esa manera las personas se sienten más fuertes y capaces de lo que son en realidad. Tanto en el aspecto físico como en el mental, el propio Adler alimentó fuerzas «omnipotentes» que lo condujeron a desarrollar el complejo de inferioridad.

La ley de la compensación batalla contra las limitaciones y es capaz de producir tales mecanismos que a cualquier cosa se les abre las barreras. Sin embargo, hay que saber exponerse a ellas. La neurosis no solo llega por la preocupación de no ser tan hábil físicamente como otros ni ser tan inteligente como los demás. Así que la energía que se gasta en la competencia llega a convertirse en un mal terrible. Si una persona tiene serios problemas para relacionarse con otros, puede que enfrente un problema de inferioridad. Sé que de seguir así nunca termina de llegar a la meta, pues cuando alcanza una, hay otras más altas que lograr. Esto es ilógico en todo, pero si encuentra la gratificación en la fantasía, esta pudiera conducirle a la situación de un mundo fuera de la realidad.

La famosa obra *Cómo sobreponerse al lado oscuro del liderazgo*, de Gary L. McIntoch y Samuel D. Rima, que ya citamos, habla de famosas personalidades que por sus problemas psíquicos no pudieron sobreponerse a sus situaciones emocionales, siendo infinitamente vulnerables. Estos autores subrayan que bajo la cobertura de situaciones como la compulsión, el narcisismo, la paranoia, la codependencia y el pasivo-agresivo, estas personas fueron víctimas de esos serios problemas psicológicos que entorpecieron sus obras y las convirtieron en muy vulnerables. Según el psicólogo Adler, la persona que padece de alguna enfermedad en la niñez decide invertir su vida para justificar lo que le pasó y trata de neutralizar los efectos de la enfermedad o la experiencia valiéndose de algún recurso. Incluso, las enfermedades pueden llegar a usarse para controlar su entorno y esto funciona al nivel del inconsciente.

Si alguien siempre está desacreditando a los demás, ya sean maestros, médicos, terapeutas, compañeros de trabajo o líderes, bien pudiéramos estar frente a una persona con algún tipo de situación emocional. Lo que sí se pone de manifiesto es que esos problemas, sin ayuda, convierten a los individuos en máquinas sensibles a la mucha vulnerabilidad. Según el psicólogo Jung, los vestigios del inconsciente hacen un gran impacto sobre el individuo. Este llamó a esos rasgos como instintos o «arquetipos». Los instintos y los arquetipos forman alianza para determinar lo que está dentro de uno en realidad. El criterio de Jung era que el inconsciente es la base y la precondición de toda conciencia. Vio la causa de cada neurosis en la disonancia entre la actividad consiente de la mente y la tendencia del inconsciente. Según Jung, las demandas de la niñez frustradas causarán neurosis en el futuro. La terapia consiste en desprenderse de la máscara que lleva y enfrentarse con el «sí mismo»[1].

Psicólogos posmodernos, como Eric Erickson, John B. Watson, Burrhus F. Skinner, Harry Stack Sullivan y Charles Rogers, crearon sus escuelas siempre tomando en cuenta las profundas necesidades y carencias del ser humano. Concuerdan en varios aspectos y en otros presentan sus diferencias. Aun así, siempre tratan de llegar a la célula de los problemas existenciales. No es mi propósito ahondar en las diferentes filosofías de cada escuela de psicología. Todo lo que expresé tiene la intención de hacer resaltar en este capítulo la complejidad del ser humano; complejidad que lo convierte en una persona muy vulnerable a cualquier situación, y tú no eres la excepción.

Hasta el propio Jesús, en su condición de hombre, se hizo vulnerable cuando llegó a la cruz:

> *A las tres de la tarde Jesús gritó a voz en cuello:*
> —*Eloi, Eloi, ¿lama sabactani? (que significa: "Dios mío, Dios mío, ¿por qué me has desamparado?").* (Marcos 15:34)

Por lo tanto, quien se cree abandonado es porque se siente vulnerable.

Por otra parte, la mayoría de los cristianos piensan que tienen que ser exitosos por las siguientes razones:

- Leo la Biblia y oro todos los días.
- Tengo un Padre eterno lleno de poder, gloria y riquezas.
- Voy a la iglesia desde que era niño.
- Tengo un buen pastor y una excelente iglesia.
- Tengo, o tuve, cargos importantes y soy oficial de la iglesia.
- Enseño, canto, predico.
- He trabajado en la evangelización y las misiones.
- Tengo educación, trato de guiar a otros y siempre intento ayudar a los demás en sus problemas.
- He trabajado con niños y jóvenes, y hasta con adultos.
- Soy un fiel asistente a la iglesia.
- Soy afectuoso con las personas, pues no me molestan los defectos de los demás.
- Puedo enseñar Biblia.
- Puedo servir en la música.
- Lucho con algunas dificultades de carácter, pero ahí voy.
- Tengo una buena familia.
- Soy diezmador.

¿Sabes lo que ocurre? ¡Todo lo que me dices no es suficiente! Necesitas crecer y entender que eres un regenerado por la sangre de Cristo y permitir que el Espíritu Santo haga lo que tú nunca vas a poder hacer solo. Tal vez arrastres una tragedia que llegó a tu vida cuando eras pequeño y no has resuelto esa situación. *¡Las cosas no resueltas son aguas amargas!* Solo el Señor te podrá dar la mano, pero Él espera la tuya primero. Eres vulnerable... pero hay un remedio: ¡Jesús!

Otras consideraciones importantes: Frágiles como el cristal

Hay edades que por sus características de fragilidad, me refiero a los niños y a los adolescentes, son vulnerables como los cristales. Por unos minutos veamos el porqué de esta afirmación: Los niños son como un cristal que, por su fragilidad, pueden ser sensibles como los cristales astillados y rotos. Se trata de un fenómeno capaz de destruir de manera definitiva o dejar profundas huellas en los niños o adolescentes.

Pilar Calvo, del Consejo General de Psicología de España, afirma que «la fragilidad emocional es un rasgo de personalidad creciente en la sociedad actual, algo que una educación adecuada puede prevenir». También explica: «La educación no es solo aprobados y suspensos, estamos hablando de algo más profundo, del desarrollo de todas las necesidades de los muchachos, de una personalidad que permita adaptarse a la realidad con competencias para ser ciudadanos proactivos y responsables»[2].

Vivimos en una era más que posmoderna de respuestas rápidas para todo y por todo. Especialmente en las edades mencionadas, urge prestarle mucha atención. Hoy en día, existe una «hiperconectividad» hacia las nuevas tecnologías y esto repercute en los hábitos sociales y personales de muchos adolescentes, afectando sus niveles de atención y concentración. Otro elemento que encontramos es lo disfuncional de las familias actuales. La carencia de la falta de presencia de los padres en el período de formación de sus hijos ha hecho crisis. Por consiguiente, estas son las consecuencias:

1. Indiferencia hacia los valores éticos tradicionales y bíblicos.
2. El niño y el adolescente están tan inmersos en su mundo «fantástico» y «surrealista» que no alcanzan a sentir apego por la familia, en especial los de su segunda y tercera generación.
3. El poco contacto o relaciones con otros ha formado un mundo de niños, adolescentes y jóvenes, hasta de adultos, como seres aislados y divorciados de todo lo que les rodea.
4. La exposición sin control a los medios crea una crisis físico-cerebral, al sobrecargar el cerebro con informaciones inadecuadas e inoportunas.

5. El niño y el adolescente, según el Dr. Jorge León, son «cemento blando; donde las patas de los elefantes dejarán sus huellas».

6. La exposición de los niños y adolescentes a toda la problemática presente les deja un espacio emocional vacío y, como seria consecuencia, llegarán los grandes problemas tales como: poco rendimiento escolar, adicciones perniciosas, insatisfacciones, dudas y hasta el suicidio.

7. Si los lóbulos del cerebro sufren un «alto voltaje» de ansiedad, ocasionarán pérdida de atención y la disociación crónica.

8. Si experimentan grandes emociones con sus juegos, internet, TV, etc., en la zona del lóbulo del cerebro encargado de la memoria o concentración habrá una reacción fuerte que dejará a los sujetos en una gran disminución de atención y de memorización.

9. Otro fenómeno podría ser el de la falta de conocimientos de los padres, mentores y maestros, con relación al asunto vinculado con la conducta humana.

10. Quien no recibe una educación temprana, sufrirá de inadaptación para con los demás, incluyendo a sus familiares.

La formación adecuada de los niños, adolescentes y jóvenes

¿Qué hacer para formar como es debido a los hijos? Entre otras cosas, podemos realizar lo siguiente:

1. Dedícales tiempo.

2. Nunca des la impresión de que otros asuntos son más importantes que ellos.

3. Sobre los aspectos relacionados con el sexo, los padres deben orientar a sus hijos e informarles al respecto.

4. Nunca les mienta, pues ellos son muy suspicaces.

5. Vigila las amistades de tus hijos e hijas.
6. Regúlales sus horarios.
7. No quieras que tus hijos sientan y piensen como tú. Ellos tienen sus propios enfoques y no deben ver la vida como la ves tú.

Hay un magnífico libro titulado *Las 6 necesidades de cada niño*. Sus autores son Amy Elizabeth Olrick y el Dr. Jeffrey Olrick, de cuya página saqué las siguientes enseñanzas:

Mi hijo es imperfecto, y nada pasa por eso [...] ser padres es difícil. La mayoría de nosotros hemos sido sorprendidos, tanto por la intensidad de nuestro amor como por nuestro arrebato de enojo. Hemos sido decepcionados profundamente, y después hemos sido avergonzados de nuestra decepción [...] pero tenemos buenas noticias: los seres humanos crecemos mediante las cosas difíciles, y lo que necesitan nuestros hijos imperfectos para que los amen y cuiden, es exactamente nuestro yo imperfecto [...] Jeffrey llegó a casa del trabajo una noche cuando los niños eran pequeños para encontrar a Amy hecha un mar de lágrimas. «¿Qué sucede?», le pregunté con preocupación. «¡Nada!», respondió ella. «No pasa nada. Los niños no han hecho nada hoy, excepto ser perfectamente normales y activos [tres varones], pequeños niños maravillosos. Pero no estoy segura de que pueda sobrevivir» [...] ser padre o madre no es fácil ni claro [...] Hemos descubierto, que entender cómo están formados nuestros hijos, sus necesidades y cómo podemos responder a esas necesidades, ayuda [...] los años de trabajo e investigación de Jeffrey le han conducido a identificar las necesidades fundamentales con las que nacen todos los padres y los hijos: deleite, apoyo, límite, protección, consuelo y equipamiento [...] ahora nosotros hemos recibido el regalo de ver estrecharse las gorditas mejillas de nuestros bebés y adoptar los contornos de la adolescencia. Ahora, escuchamos sus sueños, nos hemos deleitados con sus talentos, y nos hemos maravillado a medida que sus piernas se han estirado y sus voces han cambiado. Estamos más convencidos que nunca de que lo que hacemos en nuestros hogares importa, y que los niños a los que criamos importan; nos importan a nosotros, al mundo y a Dios [...] al Dios de lo tormentoso y del desierto, un Dios que nos llama constantemente a regresar, el uno al otro y al amor, un amor que no soltará a ninguno.

Los autores continúan diciendo:

Tener hijos activa alguna de nuestras emociones más vulnerables, temerosas y maravillosas, algunas veces, todas al mismo tiempo. Ser humano es buscar entender y dominar cosas, sin embargo, no muchos las sentimos más importantes que cuidar bien a nuestros hijos y entender correctamente su crianza. Queremos saber, qué hacer y cómo hacerlo [...] En los últimos 50 años se ha implementado una industria inmensa como respuesta a las ansiedades parentales en cuanto a la autoestima, la conducta, el logro, la formación moral, y muchas otras cosas. Ahora tenemos padres adjuntos, padres ecológicos, y padres que impulsan el logro [...] ¿Cuál es la fórmula correcta? ¿La manera correcta de educar a los hijos? [...] El desarrollo humano es primordialmente un proceso que se desarrolla de manera constante. Las cosas cambian y siempre cambiarán, por lo que nuestros hijos llegan a ser lo que son principalmente en medio de las interacciones diarias, triviales e imperfectas que tienen con nosotros a lo largo de los años. Tu relación con tu hijo es un viaje [...] Estar con ellos en el largo viaje de los años es la mejor educación [...] En 1951, el psicólogo británico John Bowlby propuso algo radical con relación al desarrollo humano, Bowlby propuso que el amor vale; y que no solo en el sentido filosófico o poético. El amor, teorizaba él, es nuestro medio de supervivencia y resulta fundamental para nuestra salud y bienestar [...] La teoría de Bowlby argumentaba que todos los seres humanos nacen con dos instintos que moldean el desarrollo: el instinto de acercarse a cuidadores de confianza en busca de seguridad y consuelo cuando sienten angustias, y el instinto de salir, explorar y dominar el mundo que les rodea cuando la costa está despejada. Él los denominó sistemas de apego y exploración [...] Estos instintos nos mantienen con vida cuando somos pequeños y vulnerables, y nos preparan para ser miembros contribuyentes de la comunidad a medida que crecemos y maduramos [...]

Durante los últimos cincuenta años se ha considerado fuertemente la teoría del apego, gracias a los estudios de la Dra. Mary Ainsworth, teoría que llamó: «Técnica de situación extraña», la cual mide el apego en el niño, y describe claramente diferencias en el modo en el que los niños expresan y manejan sus necesidades de seguridad y exploración»[3].

Del arsenal de nuestra propia experiencia saco las siguientes conclusiones que pudieran ayudar a inexpertos como nosotros cuando, en poco tiempo, mi esposa Gladys y yo nos vimos criando a dos niños y tres niñas. No eran tiempos fáciles, las carencias, hasta de alimentos básicos, eran notables. Las actividades de una iglesia relativamente grande, las responsabilidades convencionales y las presiones ejercidas por el gobierno de turno eran montañas que parecían insalvables.

¿Cómo hacerlo? ¿Cómo proveer? ¿Cómo educarlos? ¿Cómo lograr que luego fueran fieles cristianos y buenos ciudadanos? Si echábamos mano a la teoría del conductismo, teoría que proponía la renuncia a las doctrinas del alma, de la mente y de la conciencia, a fin de ocuparse del estudio de los organismos en interacción con los ambientes predominantes, circularíamos en *lo* material...

De formarlos así, quedaría roto el criterio de los valores espirituales y, de hecho, también los éticos. Las teorías marxista-leninistas enseñadas en muchas escuelas, el conductismo y el «sálvate como puedas», eran las filosofías que tuvimos que afrontar en el proceso de formación de nuestros hijos.

Mi esposa Gladys y yo decidimos ir contra la corriente y buscar en el cristianismo evangélico la forma de llevar hacia adelante nuestra familia. ¡Y tuvimos éxito! En el proceso, descubrimos varias cosas:

1. Las diferencias de personalidad de cada uno de nuestros hijos.
2. La imposibilidad de implementar los mismos métodos de educación para todos.
3. Descubrir qué método práctico y no filosófico era el que cuadraba con sus diferentes caracteres.
4. Mi esposa y yo nos pusimos de acuerdo en no invadir alguna disciplina puesta por alguno de los dos.
5. Que se sintieran protegidos y amados bajo cualquier circunstancia que se presentase.
6. Creamos un sistema de disciplina que incluía: comportamiento en la escuela, en la calle, en la casa y en la iglesia.
7. Era obvio que tratábamos con personitas muy vulnerables por razón de edad, sexo, y cambios físicos y sociales.
8. Como pastor recibía una vorágine de recomendaciones, exhortaciones y quejas sobre nuestros hijos, cosas que valoramos y estimamos, pero que no fueron determinantes.
9. El hecho de que nos enfrentamos a la aventura de formar criaturas sin tener los recursos pedagógicos necesarios fue un reto.
10. Por último, descubrimos que la mejor metodología para criar a nuestros hijos estaba contenida en la Biblia y en la militancia activa de la iglesia.

Han pasado más de cincuenta y cinco años. Aunque nuestros hijos están lejos de ser perfectos, todos sirven hoy en día al Señor. Pertenecen a alguna iglesia cristiana y tienen diferentes ministerios. Creo que esta bendición radica en dos factores: nuestro entrañable amor hacia ellos, y la educación cristiana a tiempo y fuera de tiempo.

Aquí tienes algunas recomendaciones para tratar con esos *frágiles* cristales:

1. Aprende cómo conectarte con tus hijos.
2. Implementa patrones de apego.
3. Descubre cuáles son los «puntos ciegos» de tus hijos, pues todos los tienen.
4. Hazles sentir que son muy importantes para ti.
5. Debes crear puentes de confianza entre tú y ellos.
6. Mantén funcionando siempre la «brújula» de las necesidades de tus hijos.
7. No te presentes siempre ante ellos como una víctima de la vida.
8. No te presentes ante tus hijos como alguien que siempre tiene la razón en todo, y los demás son «inferiores» y están «equivocados».
9. Aprende el «leguaje» de los infantes: no siempre lloran por algún dolor físico o por hambre; en la mayoría de las veces, lloran buscando aprobación o por aparente falta de amor.
10. Las rabietas no son más que «¡Te necesito!».
11. Apóyalos en sus proyectos, hasta donde sea adecuado y viable.
12. Enséñales que hay límites.
13. Debes estar presente en sus momentos especiales.
14. Admite que, al igual que tú, ellos también pueden equivocarse.
15. No los sobreprotejas.
16. Hasta que la edad lo permita, fuérzalos a ser lectores de la Biblia y estar presentes en la vida de la iglesia.
17. Pon atención a los cambios de conducta de tus hijos.
18. No tomes decisiones por tus hijos, déjalos que ellos sean los protagonistas de sus grandes hechos.
19. No les eches la culpa a maestros, pastores, amistades de tus hijos de cualquier situación vivida por ellos.

20. No victimices a tus hijos.
21. Recuerda que su brújula interior le dirá qué dirección tomar en casos serios.
22. Nunca olvides que tus hijos, ya sean niños o adolescentes, son frágiles como el cristal; ten cuidado con las «piedras que rompen los cristales».

Concluyo este capítulo con las palabras de Salomón:

Dale buena educación al niño de hoy, y el viejo de mañana jamás la abandonará. (Proverbios 22:6, DHH)

CAPÍTULO 8

ECHEMOS MANO A LA FE

—

A hora debemos preguntarnos: «¿Podemos vencer con solo echar mano a la fe?». Antes que todo, haremos un breve análisis de las situaciones desventajosas.

> *Por tanto, renueven las fuerzas de sus manos cansadas y de sus rodillas debilitadas. «Hagan sendas derechas para sus pies», para que la pierna coja no se disloque, sino que se sane.* (Hebreos 12:12-13)

En estos dos versículos encontramos la forma para elevar las claudicantes situaciones al echar mano a la fe y fortaleciendo las débiles rodillas paralizadas. De esa manera, encontraremos las llaves para el éxito sin que nuestra vulnerabilidad las elimine.

Por razón de nuestra condición humana, y vulnerables en sí, experimentamos algunas situaciones que nos deterioran. Veamos algunas de ellas:

1. **El miedo: ¿Con qué cuerdas atas el miedo?**
   Cuando sentimos temor, hasta el más insignificante obstáculo nos deprime, asusta y angustia. Entonces,

buscamos atajos, en su mayoría inadecuados. Siempre recuerdo el consejo de un guardabosques que un día me dijo: «Cuando te pierdas en un bosque, camina siempre hacia arriba» (Colosenses 3:2). ¿Sabes el porqué del miedo? Eres vulnerable. Aprende a caminar hacia arriba. Las estrellas están arriba... Lo excelso está arriba.

2. **Falta de destrezas: ¿Te sientes incapaz?**

Cuando llegan las situaciones inesperadas, y como somos tan vulnerables, nos faltan destrezas para las subidas y sobre todo para los descensos. En la novela de Douglas Coupland, *La segunda oportunidad*, una joven llamada Karen tiene un accidente y por diecisiete años estuvo en coma. Al cabo de esos diecisiete años se recupera y una periodista le hace la siguiente pregunta: «Karen, ¿cuál es el cambio más importante en el mundo, luego de tu regreso a la memoria consciente?». Su respuesta fue: «Noto que la apariencia de seguridad que todos tienen no es más que una máscara, los disfraces humanos están de moda».

3. **Problemas: ¿Sobrepasan tus recursos?**

Tal vez estés enfrentando algún Jericó en tu vida. Jericó era la única forma que tenían los israelitas para avanzar hacia el interior de Canaán y tomarla (Josué 2:1-24). El pueblo atravesó de forma milagrosa el Jordán en seco. Entonces, por orden de Dios, una vez al día los hombres de guerra le daban la vuelta a la ciudad. Al séptimo día, dieron siete vueltas, sonaron las bocinas y las murallas de derrumbaron...

Amigo, ¿cuál es tu Jericó? Hoy el Señor te dice: «Fortalece tus manos cansadas y tus rodillas paralizadas». El precio es marchar creyendo. No permitas que tus pies se vuelvan hacia caminos torcidos. Recuerda que tu meta es llevar la carga hasta que llegues al puerto: «El Señor es mi fortaleza para seguir adelante» (lee Éxodo 15:2).

4. Préstales atención a los posibles desalientos

Los desalientos son frecuentes cuando no podemos cumplir las metas. Zinaida Bragamsova pasó cuarenta y tres años diciéndole a la gente que había una bomba de la Segunda Guerra Mundial enterrada debajo de su cama. Pasó de adulta a anciana y todos se reían de su aseveración. Algo que repetía sin cesar. Cuando en su pequeño pueblo extendieron por primera vez los cables telefónicos, llamaron a expertos en demolición para descartar que no hubiese explosivos enterrados durante la Segunda Guerra Mundial. En efecto, debajo de la cama de Zinaida había una bomba. Esto significó la evacuación de miles de personas. ¡Zinaida tenía razón![1]

La seguridad está en Cristo

Tal vez muy cerca de ti haya alguna bomba enterrada. Tal vez dentro de ti se esconda un secreto, una herida. Nadie está seguro hasta que no saque su bomba. Sin embargo, ¿sabes algo? Como eres muy vulnerable, solo Cristo la podrá sacar. Cristo es un ingeniero experto en demolición. Debido a que eres frágil, y por eso vulnerable, Jesús puso una disciplina sobre tu alma. De esa manera puedes aprender en su escuela con lo que Él indujo en tu corazón, el Espíritu Santo, y te aseguró promesas. Así que hay cuerdas para tu rescate.

- Se pierden muchas oportunidades cuando Dios ya te dijo: «¡Adelante!», y no lo valoras.
- Se pierden muchas oportunidades cuando Dios te dijo: «¡Deja de llorar en los rincones, sé que eres muy vulnerable, pero yo no!».
- Se pierden muchos éxitos cuando crees que otros sí pueden y tú no.
- Se pierden muchas vidas ahogadas en la laguna por no tomar las cuerdas del rescate.

- Se pierden muchísimas sanaciones cuando no crees que Él sana cualquier herida.
- Se pierden muchas oportunidades cuando oramos al vacío y no a Dios.

No pienses como Jeremías: «Te envuelves en una nube para no escuchar nuestra oración» (Lamentaciones 3:44). No se trata de que tus oraciones carezcan de intensidad ni que Dios no reciba tus plegarias. ¿No debemos aceptar lo que Dios desea hacer con los suyos? Ninguna oración se pierde en el espacio. En la mente de Dios no existe el olvido ni el rechazo, son solo: «Ahí voy, aguarda un poquito». Las demoras imprimen fuerzas a nuestras oraciones. Él se despertará antes de que el barco se hunda. «Si ya sé que eres muy pero muy vulnerable, pero yo no», te dice.

Nosotros, colaboradores de Dios, les rogamos que no reciban su gracia en vano. (2 Corintios 6:1)

La palabra *gracia*, del griego *caris*, se usa 170 veces en el Nuevo Testamento. Esta palabra tiene varios sentidos: Encanto, favor, beneficio, regalo, gratitud, perdón, indulto, benevolencia, amistad, merced. En el Antiguo Testamento, la gracia se usó como la pura bondad de Dios, amante del pecador.

SEÑOR mi Dios, te pedí ayuda y me sanaste. Tú, SEÑOR, me sacaste del sepulcro; me hiciste revivir de entre los muertos. Canten al SEÑOR, ustedes sus fieles; alaben su santo nombre. Porque solo un instante dura su enojo, pero toda una vida su bondad. Si por la noche hay llanto, por la mañana habrá gritos de alegría. (Salmo 30:2-5)

La mayor profusión de la gracia llegó al mundo por medio de nuestro Señor Jesucristo:

Ya conocen la gracia de nuestro Señor Jesucristo, que, aunque era rico, por causa de ustedes se hizo pobre, para que mediante su pobreza ustedes llegaran a ser ricos. (2 Corintios 8:9)

En la cruz fue donde más resplandeció nuestra incapacidad humana y la gracia salvadora de Él. ¿Has pensado qué sería de ti sin la gracia salvadora de Jesús? Observa a continuación cinco efectos de la gracia de Dios en nosotros.

1. Pleno perdón de pecados (Romanos 5:20; Colosenses 2:13).
2. Seguridad que dura para toda la vida (Salmo 30:5).
3. Salvación absoluta del alma (Hechos 11:23).
4. Fuerza que rompe tu vulnerabilidad (Efesios 2:8).
5. Estrategia divina para llevarte al cielo (1 Tesalonicenses 4:16-18).

Sé muy bien que tú y yo somos muy vulnerables. Aun así, por encima de las montañas humanas de torpezas y descalabros hondea la gracia de Dios rompiendo esas terribles barreras. Aquí tienes algunos pasajes para volar más seguro: Salmo 30:2-4; Juan 1:17; 2 Corintios 8:9; Romanos 3:24; Romanos 5:20; Colosenses 2:13; Hechos 11:23. No puedo explicar bien cómo nos recuperamos después de las pérdidas, pero la gracia del Señor sí tiene explicaciones.

Así que no temas, porque yo estoy contigo; no te angusties, porque yo soy tu Dios. Te fortaleceré y te ayudaré; te sostendré con mi diestra victoriosa. (Isaías 41:10)

En las pérdidas es donde entendemos muchísimo mejor esto: «Con mi gracia tienes más que suficiente» (2 Corintios 12:9, RVC). Eres vulnerable, pero la gracia del Señor NO.

Las azafatas dan las siguientes instrucciones a los pasajeros en cualquier aerolínea: «Para los que viajan con niños, en caso de falta de oxígeno, primero pónganse ustedes la máscara en el rostro y pónganselas en el rostro de los niños después». En las pérdidas de la vida, pónganse primero ustedes la máscara de la gracia y luego pónganselas en el corazón de los demás. Sin embargo, estén seguros de que ustedes la tienen puesta.

Pensemos en Jacob

Dice la historia bíblica que Jacob se acostó a dormir en el desierto. Acababa de abandonar la casa de sus padres y estaba en medio de una crisis aguda. Entonces, soñó que «había una escalera apoyada en la tierra cuyo extremo superior alcanzaba hasta el cielo [...] Y he aquí, el Señor estaba sobre ella, y dijo: Yo soy el Señor [...] He aquí, yo estoy contigo, y te guardaré por dondequiera que vayas» (Génesis 28:12, 15, lbla).

Para los cautivos de algo, para quienes sufren una enfermedad crónica, para los que deambulan por la tierra en solitario aislamiento, para los impedidos y bloqueados por alguna limitación... es importante estar en el Espíritu (Apocalipsis 1:10) y ser limpios de corazón (Mateo 5:8). Esos son los instrumentos que Dios usa para que llegues arriba de la escalera.

En la isla solitaria de Patmos, desterrado y rodeado de delincuentes, Juan vio una puerta abierta (Apocalipsis 4:1). La gracia del Señor es suficiente para comenzar sobre la base de lo que parece nada más que palabras... Dios «llama las cosas que no son como si ya existieran» (Romanos 4:17). Más adelante, en el versículo 18, dice que «contra toda esperanza, Abraham creyó y esperó». ¿Que fuera padre de muchas naciones? ¿Que fuera padre y su esposa, Sara, madre a destiempo?

En la medida que lo crees, así Dios lo hará... Debes estar listo y dispuesto aunque se extinga toda luz a tu alrededor, aunque se te apaguen todas las estrellas, aunque tu vulnerabilidad te abofetee... ¡Ha llegado el momento en que tienes que saltar de tu silla de desconfianza y confiar en las alas de la fe!

Entonces, ¿tengo que dar un paso hacia la nada? Allí está la promesa de la gracia... «Porque todo lo que ha nacido de Dios vence al mundo» (1 Juan 5:4). La gracia de Dios es suficiente para ayudarme en la larga espera... «Lo llamé, y no me respondió» (Cantares 5:6).

¿Sabes lo que significa la fe sometida a las limitaciones de la prueba de la espera? Me refiero a esos momentos en los que sientes que tu voz es solo un eco en los oídos de Dios, cuando sientes que tus plegarias rebotan contra la pared de enfrente. Por lo tanto, dejas de orar por las cosas importantes. Nos parece que las bisagras del cielo se hubieran oxidado. Nos olvidamos cuando:

- No oramos como debemos al estar en alguna prueba.
- No oramos para encontrar la forma de vivir con las pruebas, aunque duren mucho tiempo.
- No oramos para que lleguen las cosas difíciles que desarrollan nuestro carácter.
- No oramos por las cosas que interrumpen nuestro ciclo de vida.
- No oramos por las espinas del futuro.
- No oramos por la persona que nos traiciona.
- No oramos por la persona que miente para hacernos daño.

Los tres jóvenes hebreos se mantuvieron tranquilos dentro del fuego. El gran amigo, de los tres, Daniel, se mantuvo firme en otra escena: En un foso lleno de hambrientos leones. Te parecerá extraño lo que te voy a decir, pero debieras dar gracias antes de recibir el beneficio que esperas.

Ya sabía yo que siempre me escuchas. (Juan 11:42)

Jesús alzó los ojos a lo alto, y dijo: Padre, te doy gracias porque me has oído. (Juan 11:41, LBLA)

Lázaro estaba aún en la tumba, pero la acción de gracias de Jesús fue anterior al milagro. Su gratitud llegó antes de la bendición ¡La gratitud le precedió al milagro! Los milagros son siempre proporcionales a nuestra fe. En cuanto a *la gracia, no debes olvidar que es más fuerte que tus debilidades y más fuerte que tus destrezas. ¡Recuéstate en la gracia!*

Hay momentos de indecisiones y zozobras, así que muchas veces no sabemos qué dirección tomar. ¿Qué debemos hacer?

¿Dejarnos vencer por la angustia? ¿Volvernos atrás por cobardía? ¿Seguir adelante en nuestra ignorancia? ¡No! Esperar mientras oramos y confiar en una lluvia de gracia. José, Elías, Jeremías, Pablo... enfrentaron momentos cuando no sabían qué hacer. A menudo la causa de nuestra angustia no es por lo que suponemos. Entonces, digamos: «Voy a esperar que las aguas del Jordán se abran o hagas retroceder a mis enemigos».

> *Espera, pacientemente, espera*
> *aunque parezca, Dios nunca se atrasa* [...]
> *cuéntale al oído la pena de tu vida entera,*
> *descansa, tranquilamente, en él descansa* (Mercy A. Gladwin)[2].

Recuerda que la gracia de la espera... ¡espera!

Ninguno de los que esperan en ti será avergonzado. (Salmo 25:3, LBLA)

Ah, la gracia del Señor es el único medio para soportar las ofensas. A veces somos impopulares... ¡El Señor lo fue! A veces descubres que fuiste objeto de un comentario impropio... Eso también le pasó al Señor. Hay asuntos que solo no puedes solucionar, déjaselos al Señor, ¡que te baste su gracia!

> *Bendito aquel cuya fe no toma ofensa.*
> *Bendito aquel que entre las sombras espera la luz.*
> *Bendito tú, que a pesar de todo sigues hacia arriba* (Freda Allen)[4].

Entonces, ¿qué hace la gracia cuando llega la pérdida?

> *Volverán a habitar bajo mi sombra,*
> *y crecerán como el trigo.*
> *Echarán renuevos, como la vid,*
> *y serán tan famosos como el vino del Líbano.* (Oseas 14:7)

Después que pasan las tormentas, ¡el cielo es más azul y las aves salen felices de sus parajes!

Tentación es igual a vulnerabilidad

Las tentaciones llegan a menudo. A veces se presentan cuando estamos muy lejos de Dios o cuando estamos muy cerca de Él (Lucas 4:1-2). Al diablo siempre le gusta apuntar bien a lo alto. Martín Lutero estuvo sacudiendo el mismo reino del infierno, de ahí sus luchas. Recuerda que las tormentas también sacuden a los robles. *En el valle de las tentaciones es donde mejor vemos el rostro sangrante de Jesús.* Un famoso anuncio en la televisión, al salir al aire, causó gran consternación. Ese anuncio era silente, ni una sola palabra. Lo único que mostraba era a una serie de personas con grandes deformaciones físicas en sus cuerpos. Criticaron el anuncio por su difícil comprensión. La clave para entenderlo estaba en la música de fondo, Joe Cocker cantaba: «Eres muy hermoso... para mí»[3]. Las personas que aparecían en escena eran famosos deportistas deformados por alguna triste experiencia en la ejecución de sus deportes. Para sus seguidores, esos atletas eran hermosos debido a sus cicatrices.

La gracia es así, discordante a veces y controvertida otras. La belleza no está en nosotros, sino en Jesús y lo que hemos logrado a través de Él. Desde allá arriba, nos mira heridos, ciegos, llenos de cicatrices y deformaciones, pero canta: «Eres muy hermoso para mí».

[El Señor] me dijo: «Te basta con mi gracia, pues mi poder se perfecciona en la debilidad». Por lo tanto, gustosamente haré más bien alarde de mis debilidades, para que permanezca sobre mí el poder de Cristo. (2 Corintios 12:9)

La gracia del Señor hace absurda nuestra debilidad y nuestra incredulidad. Alguien puede decir: «Tengo miedo aspirar todo el oxígeno del universo». Sin embargo, la tierra le responde: «Aspira todo el aire que quieras, llena tus pulmones, pero bástate mi gracia». Siempre tenemos un saldo grande en el banco de los cielos. No dejes de usar los recursos divinos a tu disposición. No te concentres en tu vulnerabilidad, mejor piensa en la gracia de

Dios que posee recursos inimaginables. No dudes que la gracia del Señor abrirá el botín que esperas:

> *¿Buscas para ti grandes cosas? No las busques [...] pero a ti te daré tu vida por botín.* (Jeremías 45:5, LBLA)

Cuando te sorprenda alguna oscuridad, piensa que solo atraviesas un túnel. ¿Recuerdas cuando Sadrac, Mesac y Abednego caminaban entre el fuego como si solo fuera una avenida luminosa? No pensaron en sus limitaciones humanas, sino que volaron más allá de estas. El Calvario nos enseñó que la gracia es más que suficiente para soportar las heridas de la vida. Las dificultades son los desafíos de Dios para entender su gracia. Esa gracia es suficiente para remover cualquier piedra. Esa gracia te va a ayudar cuando necesites algún auxilio especial, como cuando aparecen algunas espinas o aguijones en tu carne.

La gracia halla caminos después de las oraciones adecuadas. ¿Sabes por las cosas importantes que no oramos? Te las voy a decir:

> *Prosigo a la meta, al premio del supremo llamamiento de Dios en Cristo Jesús.* (Filipenses 13:14, RVR60)

En este pasaje, el apóstol Pablo pone de manifiesto nuestras fronteras humanas calificándonos como personas muy vulnerables. Hay un lazo fuerte entre la fe y la gracia y por esa razón luchamos para llegar a la meta a pesar de...

La fe se mide por lo que demostramos en momentos difíciles. Hay un proverbio japonés que dice: «Jamás podremos ver la salida del sol mientras miremos en sentido contrario de donde nace». Y otro dicho japonés dice: «Hasta los monos se caen de los árboles». No oramos cuando las puertas están abiertas, solo oramos cuando alguien las cierra a nuestras espaldas...

Hace poco escuché esta anécdota: Un día cualquiera, mientras me encontraba en el campo, vi un águila herida de muerte debido a un tiro de escopeta. Con sus grandes ojos, aún brillantes, volteó con lentitud la cabeza y dirigió su última mirada hacia arriba. Ese hermoso espacio era la morada de su corazón. Esos fueron sus dominios. En esas alturas se entretuvo con la luz de los relámpagos y desafió las tempestades. Ahora, el águila yacía moribunda. Enfrentaba la inminente muerte, pues una sola vez se volvió y voló demasiado bajo.

¡Cuida tus vuelos! ¡Eres infinitamente vulnerable! Lo nuestro está más allá del sol. El mismo apóstol Pablo le dijo a los colosenses:

> *Busquen las cosas de arriba, donde está Cristo sentado a la derecha de Dios. Concentren su atención en las cosas de arriba, no en las de la tierra.* (Colosenses 3:1-2)

Y, ¿para qué más me sirve la gracia del Señor? ¡Para tener poder! Como dice la vieja melodía cristiana: «Hay poder, poder, sin igual poder, en la sangre que Él vertió». Para vivir, para ser, para saltar sobre la debilidad y las limitaciones necesitamos ese poder que llega a través de la infinita gracia de Dios.

Hace un tiempo atrás leí la siguiente ilustración: «Mi amigo y yo pasábamos frente a la central de energía que produce electricidad para los trenes. Escuchamos el ruido de las innumerables ruedas de las turbinas, y yo le pregunté a mi amigo: "¿Cómo se produce la energía eléctrica". Él me contestó: "Por medio de la fricción"». Lo mismo sucede en tu vida. Cuando Dios quiere que tengas más energía, produce más fricción en ti. Él utiliza esa presión para generar poder en tu vida. Ese es el poder que te capacita para lograr cosas insospechadas. Es el poder que necesitas para vencer las debilidades y las oposiciones. Ese poder es más grande que tu vulnerabilidad.

La gracia del Señor nos sirve también para entender por qué a veces Dios contiende con nosotros. Job decía: «Dime qué es lo que tienes contra mí» (Job 10:2). Muchas veces hasta descubrimos nuestros dones en medio de la lucha con Dios. En las contiendas con Él, la fe toma proporciones gigantescas. Charles Spurgeon decía: «Dios prepara sus soldados en las largas marchas y en los servicios difíciles».

La gracia también nos sirve para vencer las tentaciones. Hay una predisposición psicológica dentro de nosotros para creer cualquier cosa que pensamos que debería suceder... ¡Cuidado con esas predisposiciones!

El presidente de la Universidad Cristiana de los Grandes Lagos cuenta la siguiente historia:

Recuerdo que cuando yo era muchacho, hace como cuarenta años, jugaba en un equipo de las ligas menores.

Algo que el entrenador hizo al principio de la temporada fue ofrecer un picnic al equipo. Después de que comimos perros calientes y hamburguesas se sentó con nosotros y nos dio una charla para infundirnos ánimo. Preguntó: «¿Cuántos de ustedes sueñan con jugar algún día en las ligas mayores?». Casi todas las manos se levantaron. Todos los muchachos con las manos levantadas creían poder lograrlo. Se les veía en les ojos. Entonces nos dijo: «Si eso ha de ocurrir... ¡ese sueño comienza ahora!» [...]

Cerca de veinticinco años después me convertí en entrenador de ligas menores. Al principio de la temporada reuní a todos los muchachos y les di una charla para infundirles ánimo... la misma que me había dado mi entrenador. Le hice entonces al equipo la misma pregunta: «¿Cuántos de ustedes sueñan con jugar algún día en las ligas mayores? Nadie levantó la mano [...] ¿Qué había entrado a la vida de esos chicos para robarles sus sueños?[3]

Eres vulnerable, pero la gracia del Señor puede ayudarte a creer en ti mismo y en los demás.

Nadie me cause más problemas, porque yo llevo en el cuerpo las cicatrices de Jesús. (Gálatas 6:17)

La gracia del Señor es suficiente para que:

- Tengas paz en tu corazón.
- Aplastes los obstáculos.
- Te eleves por encima de la bruma de los malos recuerdos.
- Nadie te haga más daño... (no lo permitas).

- Camines con seguridad.
- Seas fuerte contra todo tipo de males.
- Rompas con tu pasado.
- Camines derecho.

Lance Armstrong ganó el Tour de Francia por segunda vez en el año 2000. En 1999, cuando ganó por primera vez, había sido sobreviviente de cáncer testicular. Luego, el cáncer se le extendió a los pulmones y al cerebro. No solo se recuperó, sino que ganó la carrera ciclística más prestigiosa del mundo. Cuando ganó ese año, llegó a la meta con la enorme ventaja de seis minutos. Sí, hay adversidades, limitaciones y problemas, pero tu Señor es más grande que todo eso.

Nosotros somos el pueblo de su prado; ¡somos un rebaño bajo su cuidado! (Salmo 95:7)

Yo espero en el Dios de mi salvación. ¡Mi Dios me escuchará! (Miqueas 7:7)

El apóstol Pablo, atravesaba una situación muy precaria por razón de «una espina en la carne» (2 Corintios 12:7, LBLA). Sus palabras fueron:

Tres veces le rogué al Señor que me la quitara; pero él me dijo: «Te basta con mi gracia, pues mi poder se perfecciona en la debilidad». Por lo tanto, gustosamente haré más bien alarde de mis debilidades, para que permanezca sobre mí el poder de Cristo. Por eso me regocijo en debilidades, insultos, privaciones, persecuciones y dificultades que sufro por Cristo; porque, cuando soy débil, entonces soy fuerte. (2 Corintios 12:8-10)

El regalo más preciado que hemos recibido del Señor Jesús fue su inmerecida gracia. Se trata de esa dádiva, ese favor, ese regalo, que hace posible que seamos fuertes, salvos y saludables en espíritu; favor que nos facilitará la militancia en el ejército más grande del orbe, el del Reino.

Sí que somos frágiles, débiles,
incapaces, vulnerables, pero la
gracia del Señor es más fuerte
que hasta la misma muerte.

No cualquiera en noche oscura,
ve estrellas en su cabeza,
ni es capaz de ver tan pura,
del cielo, su azul belleza.

No cualquiera de las cobras,
se escapa de sus picadas,
cuando su veneno siembra,
siembra muerte y no hay más nada.

No cualquiera con amor,
preses levanta hacia el cielo,
ni precisa que, en dolor,
halló Jesús tu consuelo.

No cualquiera ve en las rosas,
ni cualquiera ve en jazmines,
la belleza de esas cosas,
que se dan en los jardines.

No cualquiera se remonta,
en vuelo febril distante,
y con valentía afronta,
situaciones apremiantes.

No cualquiera ve en la cruz,
de Cristo, su gran hazaña,
ni tampoco ve la luz,
más allá de las montañas.
No cualquiera ve el dolor,
de aquel que perdió su amada,
ni cualquiera con amor,
venda manos lastimadas[5].

CAPÍTULO 9

MÁS INGREDIENTES FUERTES Y ANTÍDOTOS

—

La preocupación, como ya afirmamos, genera *ansiedad*; la ansiedad genera *estrés*; y el estrés genera *depresión*. Te doy autoridad para que cambies el orden expresado, pero es así que los concibo yo. Lo cierto es que cada uno de esos «sentimientos» nos hace vulnerables en exceso.

¿Qué te ha sucedido? ¿Por qué no ríes? ¿Te recuerdas cuando la más mínima seña de gracia te arrancaba una fuerte carcajada? Los eventos fuertes de la vida han conspirado para llevarte a los pasillos oscuros de la incertidumbre, y ¿sabes qué? Enredados en esa «telaraña» hay mucho en tu contorno y tal vez a ti también te haya enredado en ella y eso no es lo que Dios quiere para ti.

En los barrotes de tu prisión emocional y espiritual, siguen las «arañas» tejiendo sus encajes de melancolía, ¡y eso tampoco lo debes permitir! Tal vez has dejado que tu entorno embarre tu sistema emocional y ahí van las consecuencias... la ansiedad es un torrente de agua hirviente que, de permitirla, quemará tu corazón. La ansiedad es un estado mental que se caracteriza por una gran inquietud, una intensa excitación y una extrema inseguridad. ¿Sus síntomas? Palpitaciones (el corazón se acelera), sudoración, náuseas, problemas estomacales, mareos y otros.

¿Por qué llega la ansiedad a nuestro sistema? Debido a enfermedades, esperas prolongadas, problemas no resueltos, deudas existenciales, exámenes por venir, cambios hormonales y otros. Los países desarrollados sufren de un nivel más alto de ansiedad que los subdesarrollados, o lo que es igual, un 825 más los desarrollados y un 185 menos los subdesarrollados.

Las causas son obvias: a mayor demanda de todo, mayor demanda también del sistema emocional. Como la fiebre nos alerta de alguna infección orgánica, la ansiedad es un mecanismo de defensa frente a cualquier situación difícil.

La ansiedad

Existen diferentes tipos de ansiedad. Aquí tienes, entre otras, las siguientes:

1. Generalizada
2. Pánico
3. Trastorno obsesivo-compulsivo
4. Estrés postraumático
5. Fobias
6. Agorafobias (se manifiestan con sentimientos de falta de protección o sentirse vulnerable ante los espacios abiertos)

¿Los cristianos no tenemos problemas de ansiedad? NO HAY EXEPCIONES. Es más, cuando no satisfacemos las expectativas de lo que nos enseñaron que debemos hacer, podemos sentir ataques de ansiedad. ¡No lo permitas! Tú también perteneces al redil universal de ovejas que braman por no ser entendidas ni aceptadas. Medita en este pasaje:

No se inquieten por nada. (Filipenses 4:6)

¿Por nada? Eso es lo que Pablo enseña aquí, ¡pues sabía que eso es algo lógico! En su libro *Ansiosos por nada*, Max Lucado da su propia traducción revisada de este versículo:

No permitas que nada en la vida te deje sin aliento y en angustia perpetuamente. La presencia de la ansiedad es inevitable, pero la prisión de la ansiedad es opcional[1].

A continuación, Lucado aclara muy bien el concepto:

La ansiedad no es pecado; es una emoción. (Así que, no estés ansioso por sentirte ansioso). Sin embargo, la ansiedad sí puede llevarte a una conducta pecaminosa. Cuando adormecemos nuestros temores con latas y latas de cerveza o con atracones de comida; cuando vomitamos ira [...] cuando traficamos nuestros miedos con cualquiera que los compre, sí estamos pecando. Si la ansiedad tóxica te lleva a abandonar a tu cónyuge, a descuidar a tus hijos, a romper pactos, o a romper corazones, presta atención; Jesús pronunció estas palabras: «Tengan cuidado y no dejen que sus corazones se hagan insensibles por [...] las preocupaciones de esta vida» (Lucas 21:34, DHH)[2].

El Dios que le permitió a María resistir la afrenta de ver a su Hijo con los ojos dilatados, los labios partidos, clavado a una cruz, te ayudará para que de ninguna manera te hundas en el pozo de la ansiedad.

El estrés y la depresión

El estrés es el primero o segundo episodio de la ansiedad. Entonces, ¿qué es este fenómeno? Se trata de un estado de cansancio mental provocado por la existencia de alguna demanda muy superior a lo normal. ¡Hasta la alegría en exceso puede provocar un episodio de estrés! El nerviosismo, la angustia y la pena son rostros del estrés. Dichos estados pueden afectar la salud física y llegar a desencadenar estrés crónico o agudo. Cuando se comprometen sucesos estresantes en gran medida, poniéndose en peligro la salud o la vida, aparecen estos dos sentimientos hermanos: la ansiedad y el estrés. Luego de ambos estados, de no resolverse, llegará el siguiente pariente: la depresión.

La depresión (del latín *depressio*, que significa opresión, encogimiento o abatimiento) es la forma en que científicamente se describe este trastorno del estado de ánimo. La depresión puede provocar incapacidad total o parcial, incluso hasta en eventos placenteros de la vida. Es una enfermedad mental que se caracteriza por provocar sentimientos de tristeza y agonía. Los demás síndromes pueden ser melancolía, decaimiento, irritabilidad, impotencia, frustración y poco rendimiento en las actividades cotidianas. También resulta en afecciones cognitivas, volitivas e incluso somáticas. La pérdida de interés, la inapetencia o el comer con exageración, la apatía, el insomnio o dormir en exceso son síntomas de tal problema.

La depresión es multifactorial en cuanto a su origen. En esta pueden influir factores biológicos, genéticos y psicosociales. Otros factores que contribuyen pueden ser: mala alimentación, inactividad física, obesidad, tabaquismo, atopia (rareza o anomalía; una reacción anormal de hipersensibilidad frente a diversos alérgenos), enfermedades periodontales o deficiencia de vitamina D.

Entre los factores psicológicos, se distinguen entre otros estreses, están las percepciones negativas, las decepciones sentimentales, el testigo de tragedias fuertes, las enfermedades letales, las pérdidas sensibles, los traumas, etc. La persona deprimida suele albergar sentimientos negativos, bajo nivel de energía, falta de concentración, problemas físicos, aislamiento social, aparente mala actitud ante los demás. ¿Qué hacer ante una situación de depresión? Si eres consejero, guiarás al paciente a:

- Realizarse un chequeo físico
- Hablar con un terapeuta
- Enfrentar su realidad
- Elevar su autoestima
- Aumentar sus emociones positivas
- Sentirse motivado para tener tiempos placenteros
- Tener una buena relación con Dios
- También puede incluir terapia, apoyo, compañía, alimentación adecuada (Dr. D'Arey Copress).

¿Por qué hemos hecho una breve exposición de la ansiedad, el estrés y la depresión? Porque estas situaciones representan campos extremadamente propicios para generar un estado de vulnerabilidad notabilísimo. En otras palabras, cualquier persona que afronte algunos de estos problemas, deberá buscar ayuda con diligencia. De ahí que sean necesarios los cambios de las percepciones que propician estados generales de vulnerabilidad.

Hay millones de personas que no cambian por varias razones:

1. Creen que todo está bien con su persona.
2. No están dispuestos a cambiar sus pensamientos ni el ritmo de sus vidas.
3. Toman a la ligera los ejercicios devocionales.
4. Son fuertemente influenciables por lo negativo.
5. Sus concepciones cristianas no se conforman a los requerimientos bíblicos.
6. Son inflexibles.
7. Tienen un carácter obstinado y no perdonador.

Por lo tanto, deberán hacer cambios tales como:

- Los entierros. ¿Cómo? Sí, es necesario matar y enterrar lo que te hizo daño: soberbias, sospechas, prejuicios, culpas sin resolver, egoísmo, orgullo, complejos, descontrol lingüístico, prácticas nocivas, vicios, ansiedades (Efesios 4:22-24).

- Claro entendimiento de lo que significan las consecuencias del pecado (Romanos 6:23).
- Vivir al margen de los cambios (Salmo 32:3-4).
- Aceptar que no eres como crees que eres (Efesios 4:17-32).
- Aceptar que eres vulnerable. Nuestra carne grita por un placer momentáneo que después se convierte en un terrible dolor para nuestro corazón. Cada uno de nosotros tiene al menos algunos instintos pecaminosos dominantes; necesitamos identificarlos y lanzarlos a la hoguera que se encendió en el Calvario (Romanos 7:14-25. Juan 8:24).
- Dejar lo que antes eras y hacías (1 Corintios 13:11-13).
- Abandonar lo que nos succiona (Hechos 8:3. Filipenses 3:7-8).

Recuerdo siempre lo que le oí decir un día al Dr. Herbert Caudill, líder y director del seminario donde hice mis primeros estudios teológicos: «Nuestra visión espiritual llega, como los autos encendidos por la noche, hasta donde llega la luz de estos».

Extiéndete, avanza, no permitas que ningún intruso te nuble la visión. Encontrarás a muchos que quieran hacerlo. No lo permitas. No todo el que te sonríe y te da la mano es tu amigo. Necesitamos amigos de *verdad* que no te suelten de la mano cuando más lo necesites.

¿Qué es un amigo?
Un amigo es más que hermano,
es alguien en quien confías,
es quien sabe dar su mano
sin daños y sin porfías.
El que siempre está contigo
quien no sabe de traiciones
ese es tu dilecto amigo,
el que ama sin condiciones[2].

En las heladas noches de los inviernos de la vida, no solo necesitamos del Señor, sino también de los verdaderos amigos del

Señor que, a la vez, podrían ser tus verdaderos amigos (Proverbios 17:17; 18-24).

Los paraguas favorecen

Los paraguas te protegen de la lluvia, pero mientras esto ocurre la lluvia seguirá cayendo. Te protegen del ardiente sol, pues este no detiene su ciclo. Como eres vulnerable, la fría lluvia de la vida y el ardiente calor de los rayos solares te seguirán adondequiera que vayas y dondequiera que estés.

Cuando todo te va como planeas, sé que sonríes. Sin embargo, ¿qué me dices si las cosas te salen torcidas? Elías llegó a creer que como servía al Dios vivo, todo le saldría bien. En cambio, no fue así. Hubo momentos en los que llegó a pensar que morir era lo mejor y cayó en un estado grave de depresión (1 Reyes 19).

Debido a que Elías era vulnerable, pasó por todas las avenidas del dolor humano. No obstante, Dios lo amaba tanto que envió una carroza del cielo para tomarlo y llevarlo allá (2 Reyes 2:11). Puedo imaginar la escena: Un carro de fuego. ¡Qué extraordinaria visión! ¿Te imaginas lo que significó para Eliseo contemplar aquel espectáculo? Entre las cortinas blancas de las nubes y teniendo de fondo el azul del cielo, un carro tirado por caballos «espirituales», un hombre deja el desierto y asciende a las alturas para encontrarse con Aquel que un día le había mostrado, tras un silbido apacible y delicado, que estaba a su lado (1 Reyes 19:12).

Me gustaría hacer una exégesis de la trayectoria de Elías y su ministerio, pero como no es mi propósito, solo quiero resaltar algunos detalles de ese episodio, en el que se pone de manifiesto cómo Dios usa a los humanos a pesar de...

- El profeta huye para salvar su vida (1 Reyes 19:1-3).
- El rey Acab y su esposa, Jezabel, planean acabar con la existencia del profeta.

- El monte Carmelo fue escenario de la muerte de 450 profetas y sacerdotes de Baal. (Demostración del poder del Altísimo y del favor de este súper Elías).
- Hay vacilaciones en la fe del profeta.
- Elías era un ser humano limitado, igual que nosotros (Santiago 5:17).
- Cuando Dios quiere escoger a alguien para obras grandes, se cruza en el camino de quien quiere y lo toma.
- Tan notable fue la forma en que Dios capacitó a Elías que cuando este se despedía de la vida terrestre, Eliseo, su sustituto, rasgó en dos las ropas del profeta y alzó su manto que se le cayó. Luego, con el manto de Elías golpeó el río Jordán y sus aguas se dividieron.

Somos soldados y tenemos una espada con múltiples funciones

La Biblia nos recuerda en esta carta lo siguiente:

> *Ciertamente, la palabra de Dios es viva y poderosa, y más cortante que cualquier espada de dos filos. Penetra hasta lo más profundo del alma y del espíritu, hasta la médula de los huesos, y juzga los pensamientos y las intenciones del corazón.* (Hebreos 4:12)

¡Pobre Pedro! Esgrimió una espada de hierro para defender a su Señor, ¡pero pasó por alto que su Maestro era la Palabra Viviente! Las armas humanas son poco eficaces para defendernos. Las armas de carácter espiritual, en cambio, son poderosas a fin de que podamos salir airosos ante los enemigos de la vida.

Por otro lado, Pablo nos enseña que el Espíritu Santo usa la Palabra como *«yelmo de la salvación»* (Efesios 6:17). ¿Qué es un yelmo? El yelmo romano era un casco que cubría la cabeza y la nuca del soldado. Como soldados de Jesucristo, ese yelmo, su Palabra, nos servirá de protección segura cuando lleguen las embestidas del enemigo. Esto equivale a decir: «Mi mente y todo mi ser están a salvo, protegidos por él, y ese yelmo de la salvación que lleva intrínseca la espada del Espíritu, cuidará siempre de mi salvación para que nada ni nadie me lo arrebate» (Romanos 14:4). A pesar de... también Dios ha dispuesto de ángeles para cuidar nuestras vidas:

> *El ángel de Jehová acampa alrededor de los que le temen, y los defiende.* (Salmo 34:7, RVR60)

> *Él dará órdenes a sus ángeles acerca de ti, para que te guarden en todos tus caminos.* (Salmo 91:11, LBLA)

Los brazos del Señor siempre están listos para sostenernos y protegernos en todo momento (Salmo 33:18, 22; 35:10; Isaías 40:21-30; Salmo 23; 46:9). La enfermedad llamada pecado nos ha afectado más allá de nuestra imaginación. Sin embargo, los antídotos del Señor son banderas a nuestro favor (Hebreos 13:5). ¡Ata tu corazón al carácter santo de Dios! Unge tu cabeza con aceite. El poder de Dios trasciende a toda vulnerabilidad. Además, recuerda que el Dios de los siglos está por ti y para ti (Romanos 5:8).

Nosotros no somos diferentes a las civilizaciones antiguas. Cada una de nuestras culturas está bajo la misma dinastía espiritual y emocional del pasado. Cada una ha construido sus altares, ya sean millones de oficinas con millones de compartimentos o millones de hombres trabajando el barro o puliendo el mármol. ¿Por qué? Porque todas las civilizaciones han perdido de vista el propósito de Dios para con el hombre. El mal que está dentro del corazón es universal, desde el Edén hasta hoy.

¿Qué gira a nuestro alrededor?

El mundo avanza hacia su destino final entre esteroides, «polvo blanco», escenarios, discursos filosóficos, inventos en los laboratorios, sueños con los aplausos, más oro, satisfacciones placenteras, competencias, maquillajes, «caretas», menosprecio a los valores éticos y étnicos, sonrisas interesadas y un cristianismo a nuestra manera. Criticamos a los demás creyendo que son inferiores a nosotros. Fabricamos nuestros ídolos y, luego, nos gloriamos por no ser discriminadores. Pareciera que hemos malinterpretado ese término, creyendo que solo se refiere a los que son de otras fronteras. Con esto, ignoramos que relegar a otros, de miles de formas, es también un acto de discriminación.

Usando palabras del profesor Tom Shippey te pregunto: «¿Cuál es tu amplificador psíquico?». Cuando eres débil ante algo y ese algo se te presenta delante, tu amplificador psíquico lo agranda y tu vulnerabilidad toma proporciones gigantescas. La famosa constructora del estado británico moderno, Margaret Thatcher, escribió: «No hay cantidad alguna de conocimiento o de ciencia que sirva de nada, a menos que logremos disminuir nuestros malos impulsos».

Timothy Keller, pastor, teólogo y apologeta estadounidense, dijo: «Nunca imaginamos que obtener los anhelos más profundos de nuestro corazón pueda ser lo peor que nos puede pasar en esta vida»[3].

La buena noticia es la profecía bíblica de que el Señor regresará para enderezar todas las cosas (Hechos 1:11). No te lamentes tanto debido a tu vulnerabilidad. En medio de esta puede aparecer la mano del Señor para que te des cuenta de que el grande y fuerte es Él.

En la sima de una fosa,
donde no hay luz ni arreboles,
donde no ves ni una rosa,
¡brilla Dios con sus fulgores!

En esas noches de duelo,
cuando en el alma hay dolores,
si sientes que no hay consuelo,
¡brilla Dios con sus fulgores!

Recuerda que nunca es tarde,
para ofrecerle loores,
si el enemigo usa alardes,
¡brilla Dios con sus fulgores!

En momentos de agonía,
lejos de dulces primores,
si se borró tu alegría,
brilla Dios con sus fulgores.

Recuerda que, nunca es
tarde para ofrecerle loores,
si el enemigo usa alardes,
brilla Dios con sus fulgores[4].

La prestigiosa cantautora cristiana, Lauren Daigle, compuso una de las melodías más impresionantes para mi gusto, ilustran lo que digo y que no olvido nunca:

Solo tú
Cuando todos me dejan,
cuando ya no puedo más,
me recuerdas tus promesas:
que jamás me dejarás.

Cuando todo se derrumba
y es difícil entender
correré siempre a tus brazos
pues refugio tú me das
tú eres mi ayuda por siempre.

Coro:
Oh, Dios, yo sé que estás conmigo,
jamás has de abandonarme,
mi confianza está solo en ti, Señor.

Cuando triste me encuentro,
me dejas oír tu voz,
que me dice: «No estás solo,
aquí estoy, confía en mí».
Tú eres mi ayuda por siempre.

Coro:
Oh, Dios, yo sé que estás conmigo,
jamás has de abandonarme,
mi confianza está solo en ti, Señor.

Y sé que, si mis fuerzas fallan,
Oh, Dios, tú estás
tú me levantas,
mi confianza está solo en ti, Señor.

Mi fortaleza eres tú, si de rodillas
estoy tú me levantas
la cruz me ayuda a recordar
que tu fidelidad y amor
siempre estarán.

Coro:
Oh, Dios, yo sé que estás conmigo,
jamás has de abandonarme,
mi confianza está solo en ti, Señor.

Y sé que, si mis fuerzas fallan,
Oh, Dios, tú estás
tú me levantas,
mi confianza está solo en ti, Señor.
mi confianza está en ti,
mi confianza está en ti,
mi confianza está en ti, Señor[5].

CAPÍTULO 10

AVENIDAS ENTRE LA VULNERABILIDAD Y LA GRACIA

—

Debemos construir una avenida entre nuestra naturaleza vulnerable y la gracia de Dios. Sin embargo, existen muchos cristianos desanimados porque han llegado a la lastimosa conclusión de que su naturaleza vulnerable es tan fuerte que poco pueden hacer para competir con los ideales de santidad que ofrece Dios.

A fin de tratar de resolver este dilema, partamos de la siguiente premisa: La santidad es una de las características que le siguen a la conversión. Se logra en menor o mayor escala de acuerdo con el progreso de nuestro ascenso en la escalera que nos acerca a Dios.

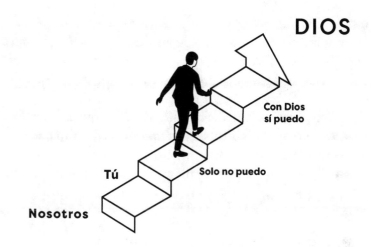

DIOS

Con Dios
sí puedo

Solo no puedo

Tú

Nosotros

Cuanto más crezco en mi vida cristiana, más crezco en conciencia de lo que soy y de lo que puedo llegar a ser por la gracia de Dios. En esta batalla no estamos solos. Si hemos nacido de nuevo, el Espíritu Santo, que debe vivir dentro de nosotros, será nuestro gran aliado. Entonces, ¿qué no puede hacer Él? (Lee Hebreos 1:13; 4:30; 5:7-9; 9:13-14; Hechos 5:32; 2 Tesalonicenses 2:14).

Veamos a través de dos espejos lo que estamos llegando a ser y lo que somos de veras:

> *Porque mis pensamientos no son los de ustedes, ni sus caminos son los míos —afirma el Señor—. Mis caminos y mis pensamientos son más altos que los de ustedes; ¡más altos que los cielos sobre la tierra!* (Isaías 55:8-9)

> *Nada hay tan engañoso como el corazón. No tiene remedio. ¿Quién puede comprenderlo? «Yo, el Señor, sondeo el corazón y examino los pensamientos, para darle a cada uno según sus acciones y según el fruto de sus obras».* (Jeremías 17:9-10)

No tengas miedo mirar a Dios como lo que es en realidad y a nosotros como la «chatarra» que somos sin Él. Cuando apuntas con tu dedo para señalar las faltas de otros, te condenas a ti mismo. Eso fue lo que enseñó Jesús en Mateo 7:1-5 y después Pablo lo reitera en Romanos 2:1. Nuestra naturaleza vulnerable te grita: «Apunta hacia esa persona». Nuestra sugerencia es que dobles el dedo hacia el centro de tu cuerpo. Aparentar que eres diferente hace más grande tu transgresión.

Existen muchos cristianos legalistas. ¿Qué y quiénes son? Son esos que dicen: «Yo no bebo, ni fumo, ni bailo. Tampoco me junto con personas que hacen esas cosas». Hay muchos cristianos que, incluso, sirven en algún ministerio pero que no se preocupan por mejorar sus vidas espirituales.

> *¿Por qué miras la paja que está en el ojo de tu hermano, y no echas de ver la viga que está en tu propio ojo? ¿O cómo puedes decir a tu hermano: Hermano, déjame sacar la paja que está en tu ojo, no mirando tú la viga que está en el ojo tuyo? Hipócrita, saca primero la viga de tu propio ojo, y entonces verás bien para sacar la paja que está en el ojo de tu hermano. No es buen árbol el que da malos frutos, ni árbol malo el que da buen fruto.* (Lucas 6:41-43)

Remedios para nuestras frustraciones

Muchas veces fabricamos nuestras propias reglas al basarnos en el hecho de que somos cristianos y no debemos hacer esto o aquello. Eso resulta práctico como remedio. En cambio, ¿se ajusta a las Escrituras? El apóstol Pablo dice:

> *No conociendo la justicia que proviene de Dios, y procurando establecer la suya propia, no se sometieron a la justicia de Dios.* (Romanos 10:30)

No se trata de aparentar ni de establecer nuestros propios criterios sobre qué es la vida cristiana. Se trata de vivir la vida conforme a las Escrituras. R.H. Thyne y W. Walker expresaron: «Aparentar y NO cumplir reflejan nuestros instintos pecaminosos de asegurar nuestra propia identidad fuera de Jesús».

Resulta «interesante» ver cómo fabricamos nuestro pensamiento ético en virtud de un sentimiento «x» y hasta creemos que eso Dios lo bendice. Conozco una señora cristiana por años, pero que su manera de actuar está en dependencia de lo que dice y hace su única hija, sin importarle lo que enseñó Jesús. Entonces, me cuestiono así: «¿Quién es en realidad su Dios verdadero? ¿Es su hija o es el Señor?». No se trata de decir: «Yo soy un nacido de nuevo». Ese pensamiento se ha vuelto hasta proverbial y se repite en nuestra cultura occidental como un estribillo. Se trata de entender que cualquier cosa que digamos o hagamos debe corresponderse con la voluntad o el propósito de Dios hacia nosotros. Si lo entendemos y practicamos, se transformará en un remedio eficaz para nuestras frustraciones.

El asunto grave está en no «tocarle» la mano a la Escritura para entonces dar rienda suelta a nuestras férvidas emociones. Hay poca esperanza para tu crecimiento espiritual si uniste cultura con Escritura, crianza con ética, trastornos mentales con realidad existencial, complacencia de la carne con disfrute de las pasiones, ansiedad por dependencia de tu búsqueda humana para libertad espiritual con: «Eso es lo que pienso y punto», «No soy moldeable, pero nadie lo es». En otras palabras: «No hay remedio para mi enfermedad porque no quiero usar las medicinas que el médico me recetó». Ah, y como decía Celeida Quintana: «Aunque se le parta la punta al lápiz».

Por lo tanto, no uses mecanismos de defensa que puedan destruir la vida de alguna persona. Así no se hace según las Escrituras (Mateo 5:38-41). Un terrible remedio es usar la venganza para volver a canalizar una ofensa recibida. En mi vida personal he usado siempre como eficaz remedio para mis heridas orar por la persona que me causó algún dolor. Y he descubierto que, a la postre, no hay nada que supere ese recurso (Mateo 5:43-44).

Centrados en el Señor
para evadir el mal

Nuestras vidas no debieran estar centradas en una ofensa recibida, en una gota de fe, en lo que escuché que era bueno, en las emociones recibidas, en la adoración del domingo, en las enseñanzas de un pastor o maestro, en la lectura de ciertos libros, etc. Algunas, o casi todas de estas cosas, pueden ser eficaces, pero no son suficientes.

En nuestra cultura hemos aprendido que una vez que nos arrepentimos de nuestros pecados y aceptamos al Señor, ya es suficiente. Es cierto, pero para luchar con la bestia que llevamos dentro, una dosis diaria de arrepentimiento es absolutamente necesaria. Pregunto: «¿Desde que eres creyente ya no has pecado más?». Cada pecado debe conducirnos a un acto de contrición y arrepentimiento. ¡Si tú eres consciente de tu naturaleza y de la de Dios, cada día tendrás algo por lo que pedir perdón!

El arrepentimiento diario es como un baño salvífico en las aguas celestiales. Refrescará tu alma y te sentirás liberado (Marcos 1:14-15). Si te crees vulnerable, y pienso que debieras considerarte así, el arrepentimiento diario *no* es una opción, sino una *emergencia*.

Ah, y recuerda que el arrepentimiento debe ser vertical y horizontal. No olvido nunca a la señora que estuvo una vez en mi clase bautismal. Ese día les hablé del arrepentimiento horizontal y la señora me dijo: «¿Eso significa que tengo que perdonar las canalladas de mi exesposo?». Entonces, le respondí: «Sí». Al instante salió de la clase y no regresó nunca más. Esta mujer no había entendido lo que significaba el arrepentimiento (2 Corintios 7:9) ni lo del perdón (Marcos 11:26).

¿El evangelio conforme a mi imagen?

Para sentirnos afirmados, fabricamos un evangelio conforme a nuestra imagen y semejanza. Esta clase de evangelio no es bíblico, pero sí satisface las expectativas espirituales de muchísimos cristianos. Se trata de ese tipo de personas de las que habló Pablo: Los cristianos carnales (1 Corintios 3:1-4).

¿Y qué significa eso de cristiano carnal? Un cristiano carnal es ese que se caracteriza por actitudes mentales y emocionales que no están de acuerdo con las enseñanzas del Nuevo Testamento. Esto equivale a ver la naturaleza humana como algo no divorciado de la espiritual. De ahí que sea propenso al pecado de forma notable.

Un cristiano carnal es un creyente en Cristo en el que influye más su naturaleza terrenal que la naturaleza de Dios. Lo que tenemos de «bueno» es obra de Cristo y lo que tenemos de «malo» es debido a nuestro origen (2 Corintios 4:7). Un vaso de barro se hace con tierra (Génesis 2:7). Un vaso de honra es obra de Cristo en nosotros (2 Corintios 5:17). La cuestión aquí es: «¿Quién es el que tiene el control en ti?» (Romanos 8:6-7). Cuanto más humano seas, más te apegarás a la carne. Cuanto más espiritual seas, más ceñido estarás al Señor (Romanos 12:11-2; Hebreos 5:13-14).

Los planos los hace Dios, las avenidas las construimos nosotros

Cuando se va a construir una avenida, los ingenieros trabajan en lo que pudiéramos llamar la «logística del proyecto». Aquí entran varios aspectos tales como la topografía del suelo, encuestas, materiales apropiados, etc. Luego, los ingenieros civiles hacen los planos, el departamento de urbanización, zonificación y personal competente estudian el proyecto, hacen recomendaciones... y el proceso continúa hasta su culminación.

En el desarrollo de nuestra vida cristiana funcionan dos aspectos vitales: El Señor y nosotros. Claro está que es parecido a la construcción de las avenidas donde intervienen muchos especialistas. En el crecimiento espiritual nuestro también entran en función agentes tales como el Espíritu Santo, la Palabra de Dios, algún instrumento humano, la iglesia, tal vez otros. Sin embargo, nuestra disposición es básica para la construcción. En palabras del apóstol Pablo:

Por la gracia que Dios me dio, yo eché los cimientos como un experto en construcción. Ahora otros edifican encima; pero cualquiera que edifique sobre este fundamento tiene que tener mucho cuidado. (1 Corintios 3:10, NTV)

El apóstol nos previene, no solo en cuanto al cuidado esmerado de nuestra edificación, sino también en velar por quiénes son los que edifican «encima». La edificación comienza con nuestra entrega y culminará el día de nuestra glorificación. Siempre debemos mirar la edificación desde la perspectiva de Dios para nuestra vida y la vida de otros.

No se trata de obras, pero estas revelan la naturaleza, comprensión y el alcance de nuestra fe (Santiago 2:18). Andamos de camino y vamos hacia nuestro lugar definitivo. Mientras tanto, con la asistencia del Espíritu Santo, trabajamos para nuestra comprensión y desarrollo a fin de llegar a la meta.

El asunto es el siguiente: ¿Quieres vivir para Jesús, crecer y robustecer tu vida espiritual? ¿Deseas amarle más y servirle mejor? Los obstáculos nos golpean, tales como el desempleo, las pérdidas sentimentales, los problemas de salud, la gente que nos defrauda. Sabes que Dios es bueno, pero en ciertas ocasiones no lo ves así y tiendes a flaquear. En esos precisos momentos es cuando tu fragilidad o vulnerabilidad viste sus «mejores galas». También ese es el momento en el que debes aferrarte a los beneficios de la cruz. En el estado de pérdidas que muchas veces experimentamos y que nos hacen quedar tan expuestos, tan vulnerables, ahí es donde estamos en el mismo escenario donde estuvo nuestro Salvador. Mediante las pruebas es que nos volvemos cada vez más como Jesús. ¿Recuerdas cuando fue tentado?

Me acuerdo de que cuando era niño y vivía en el campo, me era de sumo agrado ver las grúas rompiendo la tierra y añadiendo material rocoso para el mejor tránsito de los camiones llevando la caña de azúcar a los centrales. Al facilitar el transporte de ese material, nos posibilitaba caminar sin lodo hasta la carretera más cercana. Nosotros no teníamos mucha información de cómo arreglar esos caminos, pero los dueños de las grandes plantaciones de caña de azúcar sí sabían lo que estaban haciendo a pesar de los gastos que implicaba esto.

De igual manera, Dios está proveyendo avenidas y autopistas para guiarnos en el riguroso proceso de la santificación, pero nosotros debemos hacer nuestra parte. En nuestro intento, se nos presentan grandes obstáculos que son propios por una gran cantidad de razones (en el capítulo anterior ya los esbozamos). Aun así, creo que debemos tener presente que no habrá nada que no podamos conseguir con propósito, empeño, decisión, perseverancia y, sobre todo, con la ayuda de Dios y del Espíritu Santo (Salmo 160:12; Filipenses 4:13).

Para reiterar lo dicho en este capítulo quiero citar las palabras del autor que mencionamos antes: «Nuestra cultura contemporánea nos hace particularmente vulnerables en cuanto a convertir el éxito en un dios falso»[1]. El éxito no radica en cuánto gano, sino en cuánto sirvo; no en cuánto edifico, sino en cuánto agrado al Señor en lo que hago y cómo lo hago.

Deja que tu conciencia te hable también

Aquí tienes estos pasajes que aclaran el papel de la conciencia en nuestra vida:

> *Para nosotros, el motivo de satisfacción es el testimonio de nuestra conciencia: Nos hemos comportado en el mundo, y especialmente entre ustedes, con la santidad y sinceridad que vienen de Dios. Nuestra conducta no se ha ajustado a la sabiduría humana, sino a la gracia de Dios.* (2 Corintios 1:12)

> *En todo esto procuro conservar siempre limpia mi conciencia delante de Dios y de los hombres.* (Hechos 24:16)

¿Qué es la conciencia? Usando las palabras de E. Naville: «La conciencia, en su unión íntima con la razón, es una luz que le indica a la voluntad lo que debe y no debe hacer. Es como la voz de Dios, y la manifestación de su bondad». Según el Dr. Carroll: «La conciencia es la facultad, o el centinela interior implantado divinamente en la constitución moral del hombre, que juzga la rectitud de los motivos y la conducta de su dueño». En el infierno, el mayor instrumento de tortura de los perdidos será la voz de la conciencia.

Observamos que las Escrituras usan la palabra *conciencia* para expresar la forma en que habla el hombre interior. La voz de la conciencia es el eco del corazón. El apóstol Pablo expresó:

Porque Dios no considera justos a los que oyen la ley, sino a los que la cumplen. De hecho, cuando los gentiles, que no tienen la ley, cumplen por naturaleza lo que la ley exige, ellos son ley para sí mismos, aunque no tengan la ley. Estos muestran que llevan escrito en el corazón lo que la ley exige, como lo atestigua su conciencia, pues sus propios pensamientos algunas veces los acusan y otras veces los excusan. (Romanos 2:13-15)

Los judíos escribían, leían y repetían la ley. En cambio, ¿la tenían implantada en la conciencia? La conocían de oídas, la conocían mucho. Sin duda, la tenían escrita en piedra, en las manos, en sus ventanas, en sus frentes. Incluso, se las repetían a sus hijos mañana, tarde y noche. Sin embargo, ¿estaba en sus corazones? (Deuteronomio 6:6-9). Por eso el propio Jesús dijo:

Este pueblo me honra con los labios, pero su corazón está lejos de mí. (Marcos 7:6)

A Dios no le interesa cuánto sabes de Él, sino cómo practicas lo que sabes.

¿Qué es lo que más ritmo tiene en tu alma, en tus sentimientos, en tu corazón o tu conciencia? La conciencia y la vulnerabilidad debieran tener encuentros a diario con Dios, a fin de resolver nuestros grandes problemas éticos y espirituales. ¿De qué forma alimentas tu conciencia? Si le das rienda suelta a tu vulnerabilidad, eso te será como corriente de agua alimentadas por alguna tempestad de rayos.

La conciencia la podemos clasificar de tres formas:

1. Para lo malo (Salmo 10:4).
2. Para las confusiones (Isaías 5:20).
3. Para lo establecido por el Creador (Romanos 9:1).

Hay que vigilar de cerca la vida espiritual, pues de lo contrario será combustible para una mala conciencia. Pablo dice:

> *Como estimaron que no valía la pena tomar en cuenta el conocimiento de Dios, él a su vez los entregó a la depravación mental, para que hicieran lo que no debían hacer.* (Romanos 1:28)

Si la conciencia está embotada por el pecado, también lo está la razón. Si la sangre de Cristo limpió la conciencia, detectará lo indebido para optar por lo debido. Si somos del Señor, la conciencia siempre estará iluminada por el Espíritu Santo. Esto hará que rechacemos el mal y bloqueemos lo vulnerable de nosotros.

La conciencia es el carruaje que nos conduce a alguno de los dos rumbos definitivos. Si el hombre natural es quien lo conduce, ya puedes imaginarte cuál será su destino. Si, por el contrario, es el Espíritu Santo el que lleva el control, la conciencia te guiará por caminos de santidad y pureza.

La opción es nuestra.

El éxito y las bendiciones llegan después de una conciencia sometida. La vulnerabilidad no te arruinará si el Espíritu Santo dirige tus movimientos.

Construyamos puentes para poder cruzar

Viviendo a orillas de un lago en Suiza, cierto día de fuerte invierno, el padre de los muchachos estaba del otro lado del lago que se veía congelado por completo.

Entonces, los chicos le rogaron a la madre que les permitiera cruzar el lago que ahora era como un gran piso blanco. La madre veía el lago cubierto por esa gran capa de hielo, y sentía temor en darles permiso para que cruzaran y se reunieran con el padre. Tanto fueron las súplicas y los argumentos de los dos niños que la madre les dio permiso. Desde la ventana, la mujer observaba el cruce. El mayor de los dos niños fue el primero en intentar hacerlo, pero tuvo miedo al ver una larga grieta en la nieve. Sin embargo, logró pasar. Cuando el más pequeño lo intentó, no pudo. Así que el mayor regresó, se tendió sobre la grieta haciendo de puente con su propio cuerpo, y terminaron de pasar el lago.

Dios, conociendo nuestra fragilidad y nuestras limitaciones construyó también un gran puente. Las distancias entre nosotros y Él se harán muy largas y difíciles. Si no nos deslizamos a través de la fe para llegar a Él, nos hundiremos en el lago de la vida y luego en el del infierno. Si tú lo permites, la mano poderosa del Señor te va a ayudar a cruzar el lago... ¡Hay muchos lagos!

Si los cananeos llenaron tus valles y sus carrozas de hierro te impiden el paso, súbete a los montes y ocupa los espacios más elevados...

Sino que poseerán la región de los bosques. Desmóntenla y ocúpenla hasta sus límites más lejanos. Y a pesar de que los cananeos tengan carros de hierro y sean muy fuertes, ustedes los podrán expulsar. (Josué 17:18)

Muy fuertes son nuestras limitaciones, pero más fuerte es el Dios nuestro. Muchas veces las dificultades se nos envían para revelarnos lo que Dios puede hacer en respuesta a nuestra actitud de fe. Las esculturas más hermosas son las que recibieron el mayor número de golpes con el cincel. La escultura terminada luego dice: «Tantos golpes solo para enseñar mi imagen». El Salmo 27:13 (RVR60) dice:

Hubiera yo desmayado, si no creyese que veré la bondad de Jehová en la tierra de los vivientes.

Si poseemos la fe que no vemos, pero creemos, de seguro que podremos... y al celebrar por anticipado, nos reiremos de las imposibilidades y limitaciones pasadas.

Sobre las grietas que aparecen en la vida yace un puente construido con dos fuertes columnas, más fuertes que el acero: La cruz y el Espíritu Santo.

El Señor en la cruz abrió un camino «nuevo y vivo» (1 Corintios 1:18) que me impulsa para saltar sobre las dificultades y descubrir nuevos horizontes (1 Pedro 2:4). Aunque Jesús es el Rey, eso no le invalida para ser nuestro amigo...

> *Amigo hallé que no tiene igual;*
> *jamás faltó su amor;*
> *me libertó de mi grave mal.*
> *Salvarte puede, pecador[2].*

Jesús es nuestra rampa... (Tito 3:3-7). Él vive en nosotros por medio del Espíritu Santo. Este es nuestro Consolador... las arras o el anillo de mi pacto con Dios. Nosotros somos «insensatos y débiles», por eso lo necesitamos tanto. Aunque existe una gran grieta producida por el efecto del pecado, hay una puerta y una promesa: *El puente es Cristo, la promesa es el cielo.*

CAPÍTULO 11

EL SEÑOR QUIERE AYUDARTE

—

A continuación, te voy a ofrecer una serie de consideraciones, análisis y experiencias que pueden ser ventanas para que seas más que vencedor.

El amor de Dios puede cambiarlo todo

A lo largo de la Biblia vemos a Dios usando con frecuencia los problemas para moldear, hacer crecer y disciplinar a su pueblo.

> *Porque yo sé muy bien los planes que tengo para ustedes —afirma el Señor—, planes de bienestar y no de calamidad, a fin de darles un futuro y una esperanza.* (Jeremías 29:11)

Cada una de nuestras experiencias vitales, ya sean agradables o no, nos pueden recordar que dependemos de Él:

1. Moisés es un elocuente ejemplo.
2. Desde su nacimiento hasta su muerte, Dios lo estuvo moldeando y dándole forma a través de un gran número

de pruebas. Dios andaba buscando a un hombre y halló a Moisés, un asesino fugitivo.

3. A Moisés lo educaron las mejores mentes de Egipto y, como nieto adoptivo del faraón, conocía el funcionamiento de la corte faraónica y las estrategias necesarias para gobernar a una nación. Dios permitió que viviera en un verdadero campo de entrenamiento.

4. ¿Cómo fue tu pasado?

5. Dios usa nuestro pasado para recibir gloria y esculpir nuestro futuro.

6. Habrá quienes tengan *cicatrices emocionales*... Sin embargo, «sabemos que a los que aman a Dios, todas las cosas les ayudan a bien, esto es, a los que conforme a su propósito son llamados» (Romanos 8:28, RVR60).

7. Por ejemplo, tal vez crecieras en circunstancias que preferirías olvidar. ¿Comprendes que *Él atravesó contigo* esos caminos a fin de prepararte para que ministraras a otros?

8. Sería penoso que de manera indiscriminada culparas a Dios por tu pasado.

9. Él te salvó para que hallaras el verdadero significado de tu vida...

10. Si te han culpado de engaño, robo, odio, racismo, adulterio, asesinato o rebelión, tienes por compañero a Moisés, David, Pablo, Abraham, Jacob y otros.

Las crisis no solo moldean el carácter, sino que también lo revelan:

1. Las situaciones de la vida son las que más enseñan de nosotros mismos... qué débil o qué fuerte somos...

2. Recuerda que «donde abundó el pecado, sobreabundó la gracia» (Romanos 5:20).

3. Nada de cuanto la vida te cobre estará por encima de la capacidad de Dios. «Porque somos *hechura de Dios*,

creados en Cristo Jesús para buenas obras, las cuales Dios dispuso de antemano a fin de que las pongamos en práctica» (Efesios 2:10, énfasis añadido).

4. Seguimos pensando que Moisés es un buen ejemplo. Los ochenta primeros años de su vida fueron un campo de entrenamiento para su futuro. ¿Había futuro después de los ochenta?

5. Moisés era un *príncipe*: Recibió la educación dada a la realeza; conoció todos los beneficios de la vida en palacio.

6. Luego se convirtió en *fugitivo* por asesinar a un egipcio; supongo que el egipcio debió ser alguien importante.

7. Se tuvo que esconder en el desierto de Sinaí y dedicarse a cuidar ovejas... «¿No puedo hacer contigo lo mismo que hizo el alfarero con el barro? De la misma manera que el barro está en manos del alfarero, así estás en mis manos» (Jeremías 18:6, NTV).

8. Las circunstancias de Moisés lo prepararon para un momento crítico dentro de la historia de Israel.

9. Pasaron ochenta años antes de que estuviera listo para escuchar a Dios.

10. Pasaron ochenta años de preparación antes que un poderoso faraón cayera de rodillas.

¿Cómo lo hace Dios? Aquí tienes el esquema que emplea Él para utilizar a alguien:

1. Dios escoge y hace planes con ese escogido. «No me escogieron ustedes a mí, sino que yo los escogí a ustedes y los comisioné para que vayan y den fruto, un fruto que perdure. Así el Padre les dará todo lo que le pidan en mi nombre» (Juan 15:16).

2. Invita a unírsele en la labor de tocar a otros.

3. Prepara o moldea a ese individuo hasta convertirlo en un vaso.

4. Luego, de acuerdo a la docilidad del sujeto, le encomienda grandes tareas.
5. Aunque Dios conoce la fragilidad humana, la usará...

En resumen, el esquema de Dios es llamar, preparar y usar. Jesús, antes de poner los cimientos del mundo, escogió (de manera imaginaria) a un grupo «extraño» para que fueran sus discípulos. Todos muy, pero muy vulnerables. Él les enseñó a ver las manos del Padre en los contratiempos de la vida... ¿Tú no has visto la mano de Dios en las epidemias, los huracanes, los terremotos, etc.? Cada situación en la vida revela su voluntad, que es la de alcanzar y abrazar a la humanidad:

1. Un limosnero lisiado que clamaba por misericordia.
2. Una viuda que lloraba desconsolada la muerte de su único hijo.
3. Un padre que se aferra a su hijo endemoniado para protegerlo.
4. Una prostituta que esperaba que la ejecutaran.
5. Cuatro hombres desesperados suplicando por la sanidad de un amigo.
6. Un ciego que quería saber lo que era la luz.

Cristo usó cada una de esas tragedias para enseñarles a sus discípulos de qué manera el amor de Dios puede cambiarlo todo.

¿Quién es tu mayor gigante?

Ahora te presento una serie de pasajes bíblicos que te muestran cómo David enfrentó a su gigante y que te ayudarán en el proceso de reconocer a tu principal gigante.

Los filisteos reunieron su ejército para la batalla [...] y los israelitas quedaron frente a frente en montes opuestos, separados por el valle. Luego Goliat, un campeón filisteo de Gat, salió de entre las filas de los filisteos para enfrentarse a las fuerzas de Israel. ¡Medía casi tres metros de altura! Llevaba un casco de bronce y

su cota de malla, hecha de bronce, pesaba cincuenta y siete ki-
los. También tenía puestos protectores de bronce en las piernas
y llevaba una jabalina de bronce sobre el hombro. El asta de
su lanza era tan pesada y gruesa como un rodillo de telar, con
una punta de hierro que pesaba casi siete kilos. Su escudero
iba delante de él. (1 Samuel 17:1-7, NTV)

Goliat salía todos los días y desafiaba al ejército israelita di-
ciendo: «¿Por qué están todos en orden de batalla? [...] Así
que elijan a un hombre y mándenlo a pelear conmigo. Si
me mata, él gana y los filisteos se convertirán en sus esclavos.
Pero si yo lo mato a él, entonces yo gano y ustedes se conver-
tirán en nuestros esclavos. ¡Ustedes tendrán que servirnos!».
Goliat también dijo: «¡Me río del ejército de Israel! ¡Los de-
safío a que envíen a uno de sus soldados a pelear conmigo!».
Saúl y el ejército oían el desafío de Goliat y tenían mucho
miedo. (1 Samuel 17:8-11, énfasis añadido, PDT)

Durante cuarenta días, cada mañana y cada tarde, el cam-
peón filisteo se paseaba dándose aires delante del ejército israe-
lita. (1 Samuel 17:16, énfasis añadido, NTV)

—No se preocupe por este filisteo—le dijo David a Saúl—.
¡Yo iré a pelear contra él!
—¡No seas ridículo!—respondió Saúl—. ¡No hay forma de
que tú puedas pelear contra ese filisteo y ganarle! Eres tan
solo un muchacho, y él ha sido un hombre de guerra desde su
juventud. (1 Samuel 17:32-33, NTV)

David le respondió al filisteo:
—Tú vienes contra mí con espada, lanza y jabalina, pero yo ven-
go contra ti en nombre del Señor de los Ejércitos Celestiales [...]
Hoy el SEÑOR te conquistará [...] ¡y todo el mundo sabrá que hay
un Dios en Israel! Todos los que están aquí reunidos sabrán que
el SEÑOR rescata a su pueblo, pero no con espada ni con lanza.

¡Esta es la batalla del Señor, y los entregará a ustedes en nuestras manos! (1 Samuel 17:45-47, énfasis añadido, NTV)

Nada sucede sin un sueño. David fue un muchacho soñador... No soñar es alimentar la vulnerabilidad... Todo lo que ves comenzó con un sueño: arte, arquitectura, empresas, productos. «La imaginación gobierna al mundo», declaró el militar y estadista francés Napoleón Bonaparte.

«La imaginación es más importante que el conocimiento», afirmó el gran científico alemán de origen judío Albert Einstein.

«El que tiene imaginación, con qué facilidad saca de la nada un mundo», según el destacado poeta y narrador español Gustavo Adolfo Bécquer.

«La imaginación sirve para viajar y cuesta menos», expresó el escritor y orador estadounidense George William Curtis.

Los gigantes del camino

Lo que nos hace tenerle miedo a ir tras nuestros sueños son los gigantes que enfrentamos a diario en el camino. Entre otros, aquí tienes algunos:

- Finanzas.
- Asuntos emocionales.
- Problemas relacionales.
- Problemas de salud.
- Problemas con el trabajo.
- La covid-19.
- El deterioro de la economía.
- Las deslealtades.

¿Cómo enfrentas estos gigantes?

Un duelo que se llevó a cabo tres mil años atrás en Palestina...

Los filisteos son los enemigos históricos de Israel. Vinieron de Creta y ocupaban las llanuras. Son gente de mar y vivían en los alrededores de lo que es hoy Tel Aviv.

En ese momento, Saúl era el rey de Israel y ambos ejércitos estaban listos para el enfrentamiento.

Primero, debían enfrentarse dos gigantes... Esa era la costumbre de la época. Los filisteos tienen un hombre de casi tres metros de estatura. Es feroz y está equipado con una increíble armadura. ¿Quién se le igualaría de parte de Israel? ¡No tenían gigantes así! Entonces, David se presenta ante Saúl.

—Yo lo haré —le dice.

—¿Estás loco? ¡Eres un niño! —le responde Saúl.

—Sí, solo soy un sencillo pastor de ovejas...

Saúl se da cuenta de que *no* hay más voluntarios. Por lo tanto, acepta.

El chico toma dos piedras y baja la colina con un bastón de pastor y un pequeño bolso.

—¿Soy acaso un perro para que vengas a atacarme con palos? —gritó encolerizado el gigante.

—Yo vengo contra ti en el nombre de Jehová de los ejércitos —le responde David.

El muchacho toma su bolsa, saca una piedra, la pone en la honda y la lanza. La piedra le da entre los ojos al gigante y este cae.

David corre hacia el gigante, toma su espada y le corta la cabeza. Israel triunfa ese día y los filisteos retroceden... Esta fue una victoria improbable. ¡Ya ves! A pesar de lo vulnerable, ¡David venció al gigante!

Un pensador positivo ve oportunidades en cada dificultad.

Victorias improbables en el camino de la vida

¿Por qué era improbable la victoria de Israel?

1. David era un muchacho, un sencillo pastor. No tenía experiencia en la guerra. El gigante lo tenía todo y David solo tenía una honda.

2. David tenía una honda para derribar al gigante; es decir, la piedra que lanzara con la honda debía viajar a treinta y cinco metros por segundo. En cambio, la piedra llegó al gigante en solo un segundo.
3. La actitud cambia el rumbo de todo... ¿Solo tienes una honda? ¿Solo una piedra? Eres vulnerable, pero puedes vencer...
4. La piedra que David usó era de sulfato de bario. Es una roca muy pesada y tenía una potencia de calibre 45. ¡Esta es un arma muy letal!
5. David contaba con la habilidad de un hondero experimentado y, además, estaba lleno del Espíritu Santo. ¿Habrá una honda más fuerte que esa?

En cuanto a los detalles que son incompatibles con el gigante Goliat, tenemos lo siguiente:

1. Alguien tuvo que llevarlo al lugar donde se suponía que iba a ser la batalla.
2. El gigante se movía con lentitud.
3. Al gigante le toma mucho tiempo saber lo que está pasando.
4. ¿Por qué el gigante ve palos cuando solo David llevaba su bastón?
5. Un gran problema para el gigante filisteo era su tamaño. ¿Por qué era tan grande?

El crecimiento desproporcionado es una enfermedad rara y crónica que, cuando se inicia en la edad adulta, se denomina acromegalia. Si aparece durante la infancia, se denomina gigantismo. Este exceso de la hormona del crecimiento se relaciona con el desarrollo de un tumor benigno de la pituitaria.

El famoso luchador canadiense Robert Wadlow (2,72 m) padecía de gigantismo, provocado por la hipertrofia de la glándula pituitaria, y caracterizado por un desarrollo extraordinario de las extremidades y de la mandíbula inferior. ¿Por qué el gigante se movía con lentitud?

A veces lo que parece un gran gigante solo es muestra de una gran debilidad. Los gigantes no son lo que parecen... ¡No dejes que te engañen! Los gigantes de tu vida pueden destruirse con una honda que el mundo ignora: el Espíritu Santo.

Antes de esta lucha, David tuvo que enfrentarse con otros cuatro gigantes. No eran gigantes físicos, sino mentales.

En tu caso, es muy probable que no tengas que enfrentarte nunca con un Goliat físico, pero tal vez sí con otros tipos de gigantes que sean mayores... Lucha tus batallas usando la honda que te da Dios: El Espíritu Santo.

¡Señor, cuántos gigantes están frente a mí, pero te tengo a ti! Yo no puedo, ¡pero tú sí!

Dime algo: ¿Cuál de los dos era más vulnerable? ¿Goliat o David? A menudo, las apariencias engañan.

Tremendas promesas

Sería imposible encontrar tres *promesas* que superen a las tres de este pasaje...

> *Ciertamente les aseguro que el que cree en mí las obras que yo hago también él las hará, y aun las hará mayores, porque yo vuelvo al Padre. Cualquier cosa que ustedes pidan en mi nombre, yo la haré; así será glorificado el Padre en el Hijo. Lo que pidan en mi nombre, yo lo haré. Si ustedes me aman, obedecerán mis mandamientos. Y yo le pediré al Padre, y él les dará otro Consolador para que los acompañe siempre: el Espíritu de verdad, a quien el mundo no puede aceptar porque no lo ve ni lo conoce. Pero ustedes sí lo conocen, porque vive con ustedes y estará en ustedes.* (Juan 14:12-17)

A menos que entendamos la naturaleza de estas promesas, las experiencias de la vida nos desilusionarán siempre. Como ves,

Jesús dijo: «El que cree en mí las obras que yo hago también él las hará, *y aun las hará mayores*» (v. 12).

¿Qué quiso decir Jesús con estas palabras?

1. La iglesia primitiva cultivó el don de la sanidad (1 Corintios 12:9, 28, 30; Santiago 5:14). Sin embargo, es evidente que ese no fue todo el sentido de las palabras de Jesús. La iglesia primitiva no pudo hacer cosas mayores que Jesús.

2. El clínico y el cirujano de nuestros días tienen poderes que, para el mundo antiguo, resultarían milagrosos y hasta divinos. El clínico y el cirujano de hoy le han dado un golpe fuerte al dolor... Lo esencial de todo esto es que ha sucedido por el *poder* y la *influencia* de Jesucristo. ¿Por qué habrían de tratar los hombres de salvar a los débiles? El Espíritu de Jesucristo es quien ha estado detrás de la conquista de la enfermedad, del sufrimiento y del dolor.

3. A pesar de todo esto, aún no hemos llegado al significado de este pasaje. Jesús dice que todo esto sucederá porque Él va al Padre. ¿Qué quiere decir esto? Significa que durante los días que vivió en este mundo estuvo limitado a Palestina. Una vez que murió y resucitó quedaba liberado de las limitaciones de la carne y su Espíritu podía obrar igual en cualquier parte.

4. Justo porque fue al Padre, su Espíritu quedaba libre para obrar con poder en todo el universo.

Veamos primero lo que Jesús *no* dijo:

1. No dijo que todas nuestras oraciones recibirían respuesta.

2. No dijo que se nos otorgará cualquier cosa que se nos ocurra pedir.

3. No sugirió que la oración era «arte de magia».

Jesús dijo que las oraciones hechas en su nombre recibirían respuesta: «Lo que pidan en mi nombre, yo lo haré» (v. 14). ¿Cuándo una oración puede hacerse en su nombre? La manera de probar cualquier oración es preguntarse: «¿Puedo hacer esta oración en el nombre de Jesús?». Nadie podría orar para obtener una venganza personal, una ambición ni un deseo de superar a otros.

Cuando oramos, siempre debemos preguntarnos: «¿Puedo orar con sinceridad en el nombre de Jesús? ¿Pido esto empujado por mis propios deseos, fines y ambiciones?». La oración que resiste esta prueba siempre recibirá respuesta. ¿Lo sabías? La oración basada en el egoísmo se hace en nuestro propio nombre y no hallará respuesta.

Pedís, y no recibís, porque pedís mal, para gastar en vuestros deleites. (Santiago 4:3, RVR60)

El Consolador o Auxiliador prometido (Juan 14:16-17) estará con nosotros si somos obedientes. Para Juan, solo hay una forma de probar el amor: *¡La obediencia!* C.K. Barreto dice: «Juan nunca permitió que el amor se convirtiera en un sentimiento ni en una emoción. Su expresión es moral y se revela en la obediencia».

Para Jesús, el amor auténtico no es algo fácil. El amor genuino es lo menos común del mundo. Hay jóvenes que dicen amar a sus padres, pero les causan mucho dolor... Lo mismo sucede en los matrimonios. Incluso, hay ciudadanos que dicen amar a su patria, pero con sus hechos la deshonran...

Como todo esto no es fácil, Jesús nos envió al *Consolador.*

La palabra en griego para «Consolador» es *Paraklêtos.* Se trata de alguien llamado al lado de uno, en ayuda de uno, a fin de dar testimonio a favor de alguien en un tribunal (abogado); experto a quien se llamaba para aconsejar sobre una situación difícil. Podía ser una persona que se llamaba cuando un batallón se sentía deprimido y descorazonado, y se le pedía que los alentase... Otras veces se usaba el *Paraklêtos* cuando una persona estaba sumida en la pena, la duda o la confusión.

El término bíblico para *Paraklêtos* tiene que ver con el significado de la raíz latina *fortis,* que significa *fuerte, valiente, vigoroso.*

El Consolador es alguien que lograba que alguna criatura *descorazonada*, *desalentada* o *vulnerable* adquiriera valor. Por lo que el Espíritu Santo es alguien que nos comprende cuando estamos *tristes* o *apenados*. Además, el Espíritu Santo *reemplaza* la vida derrotada por una vida de *victoria*... Jesús dice que el mundo no podía comprender al Espíritu Santo (v. 17). Por supuesto, uno ve de acuerdo a la capacidad que tenga para ver. El artista mira un cuadro y ve cosas que el ojo común no puede detectar. El botánico ve una planta y observa cosas que quizá no vea otro. Lo mismo sucede con el músico, el ingeniero, el astrónomo, el pastor, el poeta... ¡Existen muchas bellezas que no ve el ojo común!

Lo que Jesús quiso decir fue que solo vemos *aquello* para lo cual estamos capacitados. El mundo está demasiado *ocupado* e *incapacitado* para darle una oportunidad al Espíritu Santo.

Esas son promesas que, de creerlas, nos harán conquistadores y superiores.

CAPÍTULO 12

ASPECTOS QUE MIDEN NUESTRA FIDELIDAD

—

¿Te abochorna ser tan vulnerable ante Dios y los demás?

No tengas miedo [...] Sé fiel hasta la muerte, y yo te daré la corona de la vida. (Apocalipsis 2:10)

Jim y Phillip fueron dos grandes amigos... Lo tenían todo en común; incluso, fueron juntos a la universidad. Después de graduarse, decidieron unirse a la Infantería de Marina. En 1944, los enviaron a pelear a Alemania, donde siguieron inseparables en una de las guerras más horribles de la historia.

Un día sofocante durante una feroz batalla, bajo intenso fuego, bombardeo y combates cuerpo a cuerpo, la compañía recibió la orden de retroceder. Mientras lo hacían, Jim observó que su gran amigo Phillip no estaba. El pánico se apoderó de él.

Jim le rogó a su comandante que lo dejara ir tras su amigo. Este se negó...

Arriesgando su vida, Jim desobedeció y se metió en medio de los disparos... Poco después su compañía le vio cargando el cuerpo de su amigo.

El comandante le gritó: «Fue una estúpida pérdida de tiempo, tu amigo está muerto, y nada había que pudieras hacer». No señor, usted se equivoca. Llegué justo a tiempo. Antes de morir, sus últimas palabras fueron: «Sabía que vendrías»[1].

Sabía que vendrías

El Señor siempre viene... ¿Le correspondemos nosotros?

En el agua se refleja el rostro, y en el corazón se refleja la persona. (Proverbios 27:19)

¿Qué tienes de prioridad en tu corazón? Tus prioridades hablan de tus *valores* y de tu *fidelidad...*

El hombre fiel recibirá muchas bendiciones. (Proverbios 28:20)

Pondré mis ojos en los fieles de la tierra. (Salmo 101:6)

Pero me temo que, así como la serpiente con su astucia engañó a Eva, los pensamientos de ustedes sean desviados de un compromiso [fidelidad] *puro y sincero con Cristo.* (2 Corintios 11:3)

Nuestros valores trazan el camino

Donde pones tu corazón pones tu vida. Sí, sé que eres vulnerable, todos lo somos, pero hay un remedio... Ahora bien, ¿a quién pertenece tu corazón?

Dame, hijo mío, tu corazón y no pierdas de vista mis caminos. (Proverbios 23:26)

El motor del corazón no son sus latidos, su sangre, su oxígeno ni la mente. La mente ordena y el corazón obedece...

Una actitud mental positiva rompe cualquier cadena y cualquier limitación.

Que el Señor los lleve a amar como Dios ama, y a perseverar como Cristo perseveró. (2 Tesalonicenses 3:5)

La obediencia pregunta: ¿Lo son?

¿Las leyes de Dios son tu prioridad? Ten siempre presente esto:

Dios aborrece hasta la oración del que se niega a obedecer la ley. (Proverbios 28:9)

Permite que tomes muy en serio las normas que ha establecido Dios. Por tal motivo:

1. Dedica tu vida a la causa del Reino.
2. Sirve.
3. Persevera.
4. Diezma.
5. No seas incrédulo.
6. Rompe tus barreras.
7. Barre tu casa.
8. Quema el árbol de la tentación.
9. Acaba con las Dalila de tu vida.

Además, ten siempre en cuenta que la forma en que te conduces honra o deshora el nombre de Dios.

Querido hermano, oro para que te vaya bien [...] Me alegré mucho cuando vinieron unos hermanos y dieron testimonio de tu fidelidad, y de cómo estás poniendo en práctica la verdad [...] Querido hermano, te comportas fielmente en todo lo que haces por los hermanos, aunque no los conozcas [...] Querido hermano, no imites lo malo, sino lo bueno. El que hace lo bueno es de Dios; el que hace lo malo no ha visto a Dios. (3 Juan 2-5, 11)

En las avenidas de la vida transitan 7 800 millones de personas, unas llevan banderas de fidelidad y otras de desobediencia... ¿Y tú? ¿Cuál es tu bandera?

Y después de salvos, ¿qué hacemos?

En el caso del presidente de una nación como Estados Unidos, ¿qué hace unas horas después que le eligen para el cargo?

1. Jura el cargo con sus manos sobre la Biblia.
2. Toma un avión militar y llega a Washington donde residirá al menos por los próximos cuatro años.
3. Forma su nuevo gabinete.
4. Ejecuta, después de análisis, su programa de transición.
5. Visita los países aliados más cercanos.

En cuanto a nosotros, ¿qué nos dice Pablo de cómo debe ser nuestra actitud una vez que somos salvos? Ahora, hagamos un paréntesis y pongamos en contexto lo que nos enseña Pablo en Colosenses 3:1-17.

A manera de ilustración hablemos un poco acerca de Colosas y los colosenses: A unos 150 km de Éfeso, en el valle del río Lico, hubo una vez tres ciudades importantes: Laodicea, Hierápolis y Colosas (en el año 60 d. C., y entre 150 a 170 km de Éfeso). Este territorio era famoso por sus terremotos.

Las aguas del río Lico estaban impregnadas de cal. Esto formaba un paisaje alucinante cuando salía el sol... También era una región rica por sus terrenos volcánicos, que la hacían muy fértil.

Pablo no fundó la iglesia de Colosas ni la visitó nunca. Se supone que Epafras fuera su fundador. Su población era de cincuenta mil habitantes. La mayoría de los habitantes de Colosas eran gentiles, pero también había muchos judíos. Al parecer, una herejía había entrado en la iglesia que amenazaba la supremacía total de Cristo. Tal vez se tratara del gnosticismo o del sincretismo. Eso debió hacerles muy vulnerables como iglesia.

Pablo insiste en que, cuando uno acepta el cristianismo, debe experimentar un cambio total de personalidad... Así que suelta el viejo yo y asume uno nuevo.

A través de los siglos, el cristianismo se ha enfrentado a muchas barreras que ha tenido que derribar. Por ejemplo:

1. Nacimiento y nacionalidad.
2. Ceremonias y rituales.
3. Civilizados e incivilizados.
4. Clases sociales.
5. Creencias oscurantistas.
6. Idolatría.
7. Sujeción a la carne.
8. Disposición de amar sin exigencia.
9. Pureza para vivir.
10. Mente y corazón sin rencores.
11. Capacidad para perdonar.
12. Ser incapaz de herir a nadie.

Entonces, pregunto de nuevo: ¿Qué nos dice Pablo de cómo debe ser nuestra actitud una vez que somos salvos? Según Colosenses 3:1-17, «los que han resucitado con Cristo» deben ser diferentes. ¿Quiénes son los resucitados con Cristo? Los redimidos o sellados. Por lo tanto, deben:

1. Buscar las cosas de arriba o concentrar su atención
2. Hacer morir lo que es propio de la naturaleza terrenal como:
   a. La inmoralidad sexual
   b. Las impurezas
   c. Las bajas pasiones
   d. Los malos deseos
   e. Las avaricias
3. Abandonar las cosas que hacían antes:
   a. El enojo
   b. La malicia

c. La calumnia
d. El lenguaje obsceno
e. La mentira
f. Los vicios
4. Revestirse como escogidos de Dios con:
a. Humildad
b. Amabilidad
c. Paciencia
d. Tolerancia
e. Perdón
5. Por encima de todo, se deben vestir de amor como vínculo perfecto.
6. Permitir que la paz gobierne sus corazones.
7. Ser agradecidos.
8. Lograr que su mayor riqueza sea la palabra de Cristo.
9. Instruirse y aconsejarse unos a otros.
10. Cantar con gratitud de corazón.

Y todo lo que hagan, de palabra o de obra, háganlo en el nombre del Señor Jesús, dando gracias a Dios el Padre por medio de él. (Colosenses 3:17)

Los paracaidistas necesitan conocer cómo accionar el equipo para lograr un aterrizaje feliz... Nosotros necesitamos conocer las verdades de la fe para vivir una vida de éxito y bendición.

Las instrucciones de cómo vivir después de salvos están en la Palabra.

CAPÍTULO 13

¿QUÉ HORA ES?

—

A medida que pasa el tiempo, las personas sin Cristo se hacen cada vez más vulnerables. Esto se debe, entre otras cosas, a que «los días son malos» (Efesios 5:16).

El carácter repentino en los cambios del mundo ha dejado perplejo a eruditos, observadores políticos y hasta a científicos. Después de cruzar los umbrales del año 2000, todos nuestros libros de historia, mapas, diccionarios y libros de texto quedaron invalidados. Nos han sobrevenido cambios inesperados y, como consecuencia:

1. Nos hemos hecho vulnerables al engaño (falsas religiones). Billy Graham decía: «La mayoría de los habitantes de este mundo posee alguna creencia en un ser sobrenatural, ¡pero actuamos como ateos!»[1].
2. El materialismo y el egocentrismo son los grandes vicios de nuestra era.
3. Nos estamos convirtiendo en personas insensibles al dolor.
4. El placer se ha convertido en meta.

El diablo cuenta con un plan maestro en el que vemos reflejado cosas como estas...

1. El establecimiento de una falsa utopía... «otra vez ofreceré reinos».
2. Un gran sufrimiento le aguarda a la humanidad.
3. El mundo quedará asolado por una crisis política, económica, pandémica y ecológica que desafía la más febril imaginación.

La venida de Cristo destrozará cada plan y sistema satánico o humano (2 Tesalonicenses 1:6-10)

1. Dios establecerá su reino definitivo
2. ¿Qué ocurrirá cuando vuelva a llegar el Mesías?
3. Cuando Cristo tome las riendas del mundo, establecerá un reino de paz que no tendrá fin.

> *Porque un niño nos es nacido, hijo nos es dado, y el principado sobre su hombro; y se llamará su nombre Admirable, Consejero, Dios Fuerte, Padre Eterno, Príncipe de Paz. Lo dilatado de su imperio y la paz no tendrán límite, sobre el trono de David y sobre su reino, disponiéndolo y confirmándolo en juicio y en justicia desde ahora y para siempre. El celo de Jehová de los ejércitos hará esto.* (Isaías 9:6-7, énfasis añadido, RVR60)

Cuando se fundó la Organización de Naciones Unidas, acordaron que la palabra Dios no figuraría en su Carta... El mundo ha dejado a Dios fuera de sus planes, pero Él no ha hecho lo mismo con el mundo.

4. Cuando el Señor regrese, no vendrá como el humilde niño que nació en Belén. Con Él vendrá una miríada de ángeles. El más poderoso ejército conocido en la historia pisará el planeta tierra. ¿Principal escenario? El monte Meguido en Israel.

El versículo favorito de Jorge Washington era este: «Cada uno se sentará bajo su parra y bajo su higuera, y no habrá quien los atemorice, porque la boca del Señor de los ejércitos ha hablado» (Miqueas 4:4). Cuando el Mesías vuelva, la confusión política, la corrupción moral, *las epidemias*, la inestabilidad económica, la influencia de Satanás, la carencia de paz, los problemas de la desigualdad y la injusticia no serán siquiera un recuerdo.

¿Quieres estar listo?

Si quieres estar listo, santifícate. No importa que seas vulnerable. ¡Él ya lo sabe!

> *La ley del pecado [...] lucha contra la ley de mi mente, y me tiene cautivo. ¡Soy un pobre miserable! ¿Quién me librará de este cuerpo mortal? ¡Gracias a Dios por medio de Jesucristo nuestro Señor!* (Romanos 7:23-25)

Hay una batalla constante produciéndose en nuestras vidas. Se trata de dos leyes: la ley de Dios y la ley de nuestra naturaleza. ¿De quién será el triunfo final? El triunfo será del Mesías. ¿Estarás listo? ¡Santifica tu vida!

¿Quieres tener una mente sana?

Si este es tu deseo, ten en cuenta lo siguiente:

1. Aliméntala con la verdad. No le eches basura ni veneno.
2. Debes liberar tu mente de pensamientos destructivos.
3. Huye de las cosas que te dice y sugiere la gente de afuera.
4. Tu vulnerabilidad no debe ser un pretexto para hacer lo indebido.

Martín Lutero expresó: «No puedes evitar que los pájaros vuelen sobre tu cabeza, pero si puedes evitar que hagan nido en ella». A lo que Rick Warren agregó: «¡Pero sí puedes evitar que hagan *caca* en tu cabello!».

No tienes que creer en todo lo que pasa por tu mente

A menudo nos vienen ideas que son solo declaraciones de la mente. Así que debemos pedir la dirección de Dios a fin de que aclare nuestros pensamientos.

> *Porque todo lo que hay en el mundo, los deseos de la carne, los deseos de los ojos, y la vanagloria de la vida, no proviene del Padre, sino del mundo.* (1 Juan 2:16)

1. No dejes que tu mente vagabundee.
2. La mayoría de los fracasos vienen por no aprender a pelear la batalla de la mente.
3. Aprende cómo funciona la mente:
   a. Deja entrar los *deseos*.
   b. Los deseos conducen a la *duda* y...
   c. Convierte los deseos dudosos en *actos* (Santiago 1:4-15).

Tienes que vencer al enemigo que crece en tu mente

El apóstol llama «fortalezas» a estos enemigos que se empeñan en destruirnos. Por lo tanto, analiza ahora los recursos que tienes a tu alcance:

1. Tú tienes el poder de Dios para vencer las fortalezas del enemigo.

> *Aunque vivimos en el mundo, no libramos batallas como lo hace el mundo. Las armas con que luchamos no son*

del mundo, sino que tienen el poder divino para derri-
bar fortalezas. Destruimos argumentos y toda altivez
que se levanta contra el conocimiento de Dios, y llevamos
cautivo todo pensamiento para que se someta a Cristo.
(2 Corintios 10:3-5)

2. Siendo más específico, ¿cuáles son las fortalezas del enemigo?

   a. Pudiera ser una mentira que creíste; te dijeron que era así y lo creíste.
   b. Hacer lo que tú quieres hacer, pero no lo que Dios quiere que hagas.
   c. Aceptar sistemas de valores falsos como el materialismo o el hedonismo, donde solo importa el placer.
   d. Pudiera ser una actitud personal: «Nunca voy a perdonar» o «Nunca podré perdonarme».

3. Tienes que aprender a derribar fortalezas en tu vida, ¿pero cómo se logra?

   Con el poder de Dios y el cautiverio del pensamiento: «Destruimos argumentos y toda altivez que se levanta contra el conocimiento de Dios, y llevamos cautivo todo pensamiento para que se someta a Cristo» (2 Corintios 10:5). Lo primero que expresa es que «llevamos cautivo» cada pensamiento». La palabra en griego es *akmalo teedzo* que significa literalmente *conquistar*. Tomemos la mente y llevémosla cautiva a los pies de Cristo...

   ¿La tentación comienza en la *calle* o frente al *televisor*? ¡NO! Comienza *en tu mente*, donde se alimenta.

4. Cada vez que te rindes a una tentación, crees una mentira.

5. ¿Sabes qué tipo de carnada usa Satanás contigo? La que más te gusta a ti, la que tú prefieres...

6. Debes *enfocar* tu mente en las cosas adecuadas. ¿Cómo lo haces?

a. Piensa en Jesús: «Acuérdate de Jesucristo» (2 Timoteo 2:8, LBLA).

b. Piensa en los demás: «Cada uno debe velar no solo por sus propios intereses, sino también por los intereses de los demás» (Filipenses 12:4).

c. Piensa en la eternidad: «Concentren su atención en las cosas de arriba, no en las de la tierra» (Colosenses 3:2).

d. Piensa en que Jesús viene pronto... esto no es una falacia: «Porque como el relámpago que sale del oriente y se muestra hasta el occidente, así será también la venida del Hijo del Hombre. Porque dondequiera que estuviere el cuerpo muerto, allí se juntarán las águilas» (Mateo 24:27-28, RVR60).

CAPÍTULO 14

LOS PESOS SON OBSTÁCULOS Y HAY QUE QUITARLOS

—

Muchas veces las oportunidades se disfrazan y aparecen como obstáculos insuperables. De ahí que el consejo sea que nos despojemos de todo lo que nos impide avanzar.

> *Por tanto, puesto que tenemos en derredor nuestro tan gran nube de testigos, despojémonos también de todo peso y del pecado que tan fácilmente nos envuelve, y corramos con paciencia la carrera que tenemos por delante, puestos los ojos en Jesús.* (Hebreos 12:1-2, LBLA)

En los años 70, Lee Iacocca era el exitoso presidente de la Ford Motor Company. Había creado el famoso Mustang, un automóvil que, en un solo año, se vendió más que ningún otro auto en la historia automotriz. Sin embargo, ser exitoso no garantiza la perpetuidad... En 1978, Henry Ford despidió a Lee Iacocca.

Cuatro meses después, Iacocca se convirtió en el presidente de la Chrysler, una compañía que había acabado de registrar pérdidas por ciento sesenta millones de dólares, la peor pérdida que había tenido jamás.

¿Qué halló Iacocca al tomar posesión de su nuevo trabajo?

1. La compañía no había tenido buena dirección.
2. Sus treinta y un vicepresidentes trabajaban por su cuenta.
3. La escasez de petróleo en 1970 lo complicaba todo.
4. La venta de los autos grandes había descendido.
5. En 1980, la Chrysler registró la más grande pérdida en operaciones en la historia de las grandes corporaciones en Estados Unidos.

Entonces, ¿qué hizo Iacocca? Convirtió sus obstáculos en oportunidades.

Tenemos un serio obstáculo: nuestra vulnerabilidad. Aun así, esto no puede ser óbice para el fracaso.

Como ya vimos, si David hubiera sentido miedo cuando estuvo frente a frente a Goliat, un hombre que medía casi tres metros de estatura y que desafió al ejército de Israel por cuarenta días, esto hubiera sido una catástrofe. En cambio, no solo lo venció con una simple piedra, sino que le cortó la cabeza al gigante y se la llevó a Jerusalén.

A Iacocca lo despidieron de la Ford y ahora actuaba como presidente de una compañía que la mayoría pensaba que acabaría en la bancarrota. No obstante, sin estos obstáculos Iacocca nunca hubiera tenido la oportunidad de demostrar lo que era capaz.

Dios permitió tu vulnerabilidad para que dependas más de Él... para que le pruebes y te pruebes a ti mismo.

Iacocca propuso no darse por vencido y, las concesiones a la Unión, el perfeccionamiento en las operaciones y el desarrollo de nuevos productos, lograron que la Chrysler se levantara. *El éxito depende de la asimilación y transformación de los obstáculos en retos para cosas superiores.*

Porque esta leve tribulación momentánea produce en nosotros un cada vez más excelente y eterno peso de gloria. (2 Corintios 4:17, RVR60)

De hecho, considero que en nada se comparan los sufrimientos actuales con la gloria que habrá de revelarse en nosotros. (Romanos 8:18)

En 1983, la Chrysler terminó el pago de la deuda que contrajo con el gobierno. Sus acciones ascendieron de dos dólares a treinta y seis cada una. Sus inversionistas lograron hacer dinero y recuperaron la confianza en la compañía. Su lema fue: «Si usted puede encontrar un auto mejor construido que los nuestros, ¡cómprelo!». Cuando en 1984 se publicó la biografía de Lee Iacocca, batió récord de ventas.

Muchas veces las victorias están disfrazadas o escondidas detrás de un despido, un obstáculo y muchos retos. Tú puedes convertir esos despidos, obstáculos y retos en *desalientos* o en *acicates*. ¿Qué es un acicate? Una espuela de metal provista de una punta aguda con un tope que sirve para pinchar al caballo... Así que usa los *acicates* a manera de incentivo o estímulo para pinchar las *barreras* de tu vida, como son los problemas, las limitaciones, las vulnerabilidades, etc.

¿Cuál fue el mayor fracaso de Israel para entrar en la Tierra Prometida? La *murmuración*. Esto continuó hasta florecer y terminar en rebelión y rutina. Cuando la murmuración se transforma en rutina, *causa rebelión.*

Por otra parte, es fácil caer en el hábito de dudar, de impacientarnos y de preguntarnos si Dios nos ha abandonado y decir como Job: «¡Quién me diera el saber dónde hallar a Dios! Yo iría hasta su silla» (Job 23:3, RVR60).

El diablo tiene tres trampas maestras:

1. El desaliento.

2. Las dudas.
3. Las tristezas.

¡Ten cuidado! Ante esto, ¿cuál es el antídoto? La Biblia, la oración, la iglesia, el positivismo, el entusiasmo y la alegría. La alegría calienta las cuerdas del alma y las llena de electricidad... Satanás le teme a la alegría cristiana.

Recuerda que la tristeza lo decolora todo. La tristeza envuelve las perspectivas del futuro en tinieblas. La tristeza paraliza el alma. La tristeza produce parálisis mental, como la depresión. La tristeza corta las ruedas de nuestras carrozas y las hace semejantes a las de los egipcios...

Una vez más, los pesos son obstáculos... ¡y hay que quitarlos!

A Charles Spurgeon no lo admitieron en la Universidad de Cambridge. Sin embargo, sus sermones se vendieron cada semana durante cuarenta años. Además, se publicaron ciento cincuenta millones de ejemplares.

A pesar de que era ciego, John Milton escribió *El paraíso perdido*.

Beethoven fue sordo durante cuarenta años, pero llenó el mundo de música.

Abraham Lincoln asistió menos de un año a la escuela pública, pero puso en libertad a cuarenta millones de esclavos.

Miguel de Cervantes escribió *El Quijote* en la cárcel.

Juan Bunyan escribió *El progreso del peregrino* tras las rejas en una cárcel de Bedford.

Víctor Hugo, perseguido por Napoleón III, se fue al exilio y durante ese tiempo escribió *Los miserables*.

La palabra de orden es: Perseverancia que, junto con la fe y la dedicación, rompen las cadenas, quitan los obstáculos y destruyen los pesos agobiantes. Aun así, no derribemos el puente por donde tendremos que pasar. Solos no, pero con Él sí. Por lo tanto, considera lo que expresan estos pasajes bíblicos.

Pacientemente esperé a Jehová, y se inclinó a mí, y oyó mi clamor. Y me hizo sacar del pozo de la desesperación, del lodo cenagoso; puso mis pies sobre peña, y enderezó mis pasos. (Salmo 40:1-2, RVR60)

Así que en todo traten ustedes a los demás tal y como quieren que ellos los traten a ustedes. De hecho, esto es la ley y los profetas. (Mateo 7:12)

Los problemas de la vida

Como pastor y consejero por cincuenta y cuatro años, los problemas que más afrontan los que vienen buscando ayuda son:

1. Desilusión.
2. El sentimiento de que la vida los ha traicionado.
3. Sus esperanzas y deseos no se han realizado.
4. Se ven frustrados y atormentados, y por su profunda amargura experimentan resentimientos tanto por la vida como por las personas.

Es cierto que en la vida hallamos desilusiones, frustraciones, amarguras y dificultades. No importa quién seas tú. No importa en qué etapa de la vida te encuentres. La vida siempre es difícil y no podemos escapar de los problemas. Los problemas nos siguen, pues como dijo Vincent Norman Peale, «la única gente sin problemas es la que está muerta».

¿Qué es lo que le da sentido a la vida? La forma en que encaramos los problemas... Nuestra felicidad depende de nuestra habilidad para resolver nuestros problemas. La gente pierde mucha energía cuando disimula sus problemas y dice: «No fue culpa mía».

Pasos a seguir para vencer frustraciones, traiciones, desilusiones e incapacidades

A la hora de vencer todo lo que afecta nuestra vida, debemos dar los siguientes pasos:

1. **Mantén una actitud controlada**

   Protestar o gritar cuando algo nos duele, no es la solución. Destruir a otros, no es la solución.

   Uno de los versículos más inspiradores de toda la Biblia es Juan 16:33 (RVR60); Jesús estaba a punto de la flagelación y, sin embargo, decía: «En el mundo tendréis aflicción; pero confiad, yo he vencido al mundo»... ¡y Jesús ganó la batalla!

   Convéncete de que la amargura y el resentimiento son malos para ti más que para nadie. Protestar, murmurar en amargura, y bañar tus pensamientos y tus conversaciones con ira solo te hará más infeliz...

   Ciertas personas o situaciones son un problema si dejamos que lo sean. ¿Qué es lo que marcará la diferencia en el futuro? ¿Los lamentos inútiles? ¡No! Salva y mejora lo que queda.

2. **Perdona**

   Jesús enseñó el perdón de esta manera:

   > *Por lo tanto, si estás presentando tu ofrenda en el altar y allí recuerdas que tu hermano tiene algo contra ti, deja tu ofrenda allí delante del altar. Ve primero y reconcíliate con tu hermano; luego vuelve y presenta tu ofrenda.* (Mateo 5:23-24)

   Si hubo alguien que de veras tenía derecho a la amargura, ese fue Jesús. Sin embargo, dijo:

   > *Padre, perdónalos, porque no saben lo que hacen.* (Lucas 23:34, LBLA).

   Cuando los primeros misioneros llegaron a la península del Labrador, encontraron que los esquimales no tenían en su idioma una palabra que significara perdón. Sin embargo, el más alto nivel de la vida en el cual podemos vivir es ese donde devolvemos «bien por mal». Además, ten la seguridad de que el perdón siempre incluye olvido. A Clara Barton, fundadora de la Cruz Roja estadounidense, se le preguntó un día: «¿Cuál ha sido su reacción ante algo muy cruel que le han hecho?». De inmediato respondió: «Recuerdo haber olvidado todo eso».

Ten presente que el perdón no se negocia y que tampoco tienes el derecho a la venganza. El Señor lo dejó en claro: «Mía es la venganza» (Deuteronomio 32:35). Booker T. Washington, educador, orador y líder de la comunidad negra estadounidense, escribió una vez: «No permitiré que ningún hombre reduzca y degrade mi alma haciéndome que lo odie». La Biblia nos advierte lo siguiente:

Asegúrense de que nadie deje de alcanzar la gracia de Dios; de que ninguna raíz amarga brote y cause dificultades y corrompa a muchos. (Hebreos 12:15)

La amargura crece y contamina. Así que usa «guantes espirituales», a fin de evitar el contagio.

3. Reedifica lo que se destruyó

En una de sus frases célebres, Lord Edward Herbert de Cherbury, poeta y filósofo religioso británico, dijo lo siguiente: «Aquel que no perdona a otros destruye el puente sobre el cual él mismo debe pasar; porque todos los hombres necesitamos ser perdonados».

Ni tú ni yo podemos orar con los puños cerrados... Para mí ha sido de mucha ayuda saber que Dios nunca está amargado conmigo.

Queridos hermanos, no se extrañen del fuego de la prueba que están soportando, como si fuera algo insólito. Al contrario, alégrense de tener parte en los sufrimientos de Cristo, para que también sea inmensa su alegría cuando se revele la gloria de Cristo. (1 Pedro 4:12-13)

Por lo tanto, construye y no destruyas. Edifica y no quemes. Mantén en buen estado el puente por el que algún día tendrás que pasar. Construye avenidas y no las dinamites... Es más, aprende a orar con San Francisco de Asís:

Señor, Señor, haz de mí un instrumento de tu paz.
Que allá donde hay odio, yo ponga el amor.
Que allá donde hay ofensa, yo ponga el perdón.
Que allá donde hay discordia, yo ponga la unión.
Que allá donde hay error, yo ponga la verdad.
Que allá donde hay duda, yo ponga la fe.
Que allá donde hay desesperación, yo ponga la esperanza.
Que allá donde hay tinieblas, yo ponga la luz.
Que allá donde hay tristeza, yo ponga la alegría.
Oh, Señor, que yo no busque tanto ser consolado, como consolar,
ser comprendido, como comprender,
ser amado, como amar.
Porque es dándose como se recibe,
es olvidándose de sí mismo como uno se encuentra a sí mismo,
es perdonando, como se es perdonado,
es muriendo como se resucita a la vida eterna[1].

4. Renueva

La palabra «renovar» significa: «Hacer como de nuevo algo, o volverlo a su primer estado. Restablecer o reanudar una relación u otra cosa que se había interrumpido. Sustituir una cosa vieja, o que ya ha servido, por otra nueva de la misma clase»[2].

La palabra «regenerar», sinónima de «renovar», significa: «Dar nuevo ser a algo que degeneró, restablecerlo o mejorarlo»[3]. Como cristianos y como iglesia, ¿nos interesa *sobrevivir* o ser *renovados*? Tanto nosotros en lo personal como en la iglesia seremos renovados en la medida en que estemos dispuestos a la *entrega*...

Ustedes no son sus propios dueños. (1 Corintios 6:19)

Las personas dicen: «Yo hago con mi vida lo que quiero». Si eres hijo de Dios, *no es así*. ¿Te parece hueco el término «renovación»? ¿Por qué lo crees? Más adelante lo sabrás.

¿Acaso no saben que su cuerpo es templo del Espíritu Santo, quien está en ustedes y al que han recibido de parte de Dios? Ustedes no son sus propios dueños; fueron comprados por un precio. Por tanto, honren con su cuerpo a Dios. (1 Corintios 6:19-20)

Víctor Makari, misionero en Filadelfia y nativo de Egipto, comentó: «La razón por la que el cristianismo en Egipto nunca fue una fuerza eficaz, a pesar de que fuera uno de los primeros centros del cristianismo primitivo, es que por más de veinte siglos ha estado *ocupado* solamente en *sobrevivir*». Nuestro interés debe trascender a la supervivencia.

Como iglesia tenemos el llamado a convertirnos en *laboratorio* para ofrecer las evidencias innegables de la renovación. En los laboratorios se *combinan* los elementos y, luego, salen los productos. En la iglesia es igual. La vida, el servicio y la entrega de cada uno de nosotros elaboran productos diferentes.

La renovación no nace sin *sacrificio* y sin *costo*. La renovación comienza con personas, no con estructuras. Después trasciende a las estructuras. Hay creyentes e iglesias que se han convertido en «guetos de indiferencia». A este grupo les parece hueco el término *renovación*.

Lo lamentable es que las iglesias están perdiendo sus oídos para oír y sus ojos para ver. El tiempo es breve y se agota... Debemos movernos ahora. De lo contrario, escucharemos doblar las campanas y preguntaremos: «¿Por quién doblan las campanas?».

Nada sucederá sin la intervención del Espíritu Santo. No importa cuántas innovaciones, cambios o técnicas se hagan, la renovación no sucederá sin la intervención del Espíritu de Dios. Yo he estado en muchísimos talleres, conferencias y entrenamientos... Se trata de técnicas nuevas y maravillosas, pero no he escuchado allí el nombre *Espíritu Santo* ni el de la *oración*. ¡El Espíritu Santo es la opción olvidada! Todos señalan la resurrección del Señor como el gran evento, y lo es. Sin embargo, fue en Pentecostés cuando ocurrió el cambio en la vida de los creyentes. La renovación comienza por dentro y el texto clave es el siguiente:

No se emborrachen con vino, que lleva al desenfreno. Al contrario, sean llenos del Espíritu. (Efesios 5:18)

La plenitud del Espíritu es progresiva como es progresiva la embriaguez. Esta es la perturbación de los sentidos a causa del alcohol... la otra es perturbación interior a causa de los cambios hechos por el Espíritu Santo. El pasar hacia una vida controlada por el Espíritu Santo es una decisión personal. De todas maneras, alguien te controlará, ya sea por tu mente, genes, vecinos, estilo de vida, vicios, etc. ¡Todo por tu vulnerabilidad!

Hay una gran diferencia en decir que tienes la totalidad del Espíritu Santo a decir que el Espíritu Santo posee la totalidad de ti. ¡Allí está la cuestión!

A un pastor lo invitaron a oficiar una boda de personas millonarias. La esposa le dijo: «Te salvaste, de seguro que te van a hacer tremendo regalo». El pastor realizó la ceremonia y solo regresó a su casa con un par de guantes como obsequio. Decepcionada, la esposa los guardó. Un año después hizo un gran frío y sacaron los guantes. Cuando el pastor se los fue a poner, descubrió que por dentro estaban llenos de *costosísimos diamantes*. Lo mismo nos puede pasar con el Espíritu Santo... Él está allí, ¡y tú no te has dado cuenta!

Ahora, pregunto: «¿Tú eres cristiano?». Si es cierto, enséñame tus marcas. Enséñame las evidencias del Espíritu Santo en tu vida y las pruebas de tu fe, y haz de estas palabras tu oración: «Renuévame, Señor Jesús».

CAPÍTULO 15

LAS SACUDIDAS MÁS VIOLENTAS

—

Cuando analizamos las sacudidas espirituales que experimentamos en la actualidad, debemos saber que son tan antiguas como la humanidad misma. Su origen está en el Edén, pero las consecuencias continúan hasta el día de hoy. ¿Qué podemos hacer? La clave está en la Biblia:

> *Que nadie busque sus propios intereses, sino los del prójimo.* (1 Corintios 10:24)

Hacía veinte años que un hombre tenía una novia. Los años pasaban y la mujer empezó a dudar: «¿Se casará conmigo algún día?». Al final, se lo preguntó sin rodeos.

—¿Cuándo te casarás conmigo?

—Creo que no me harás feliz —le respondió el novio.

—¿Y qué necesitarías para ser feliz? —quiso saber la mujer.

—Me gustaría que brillaras, que flotaras, que cantaras. También desearía que fueras inteligente y que hicieras lo imposible para hacerme feliz y complacerme en todo.

Lo menos que necesitaba este hombre era una esposa. Lo que de veras necesitaba era una *máquina* que lo hiciera feliz... ¡y eso no se ha inventado!

El *egoísmo* ha generado todo tipo de desequilibrios. Por eso la humanidad sufre los embates del egoísmo. ¿A qué se debe algo así? Sencillo... ¡porque somos vulnerables!

Entonces, ¿cuáles son las sacudidas más grandes que ha experimentado la humanidad? Ante esto nos preguntamos:

1. ¿Las catástrofes financieras del Wall Street?
2. ¿El derrumbe de los imperios en el pasado?
3. ¿La caída de las torres gemelas de Nueva York?
4. ¿Las consecuencias de los males que estremecen las instituciones sociales del mundo?
5. ¿Las constantes amenazas del terrorismo internacional?
6. ¿El desplome de los valores familiares?
7. ¿El flagelo de las pandemias como la covid-19?
8. ¿Las guerras pasadas y las amenazas de otras por venir?

Es evidente que estas cosas provocan grandes sacudidas. Sin embargo, la primera decisión fatal de la humanidad se debió al egoísmo. De ahí que esto se convirtiera en la mayor desgracia del ser humano. En otras palabras, Eva se dijo: «Si comemos del árbol prohibido *tendremos* sabiduría» (lee Génesis 3:6-7). Entonces, ¿era cuestión de sobresalir por mayor conocimiento? ¿Se debió a la arrogancia? No, lo que experimentó fue el síndrome de la vulnerabilidad.

Al buscar lo que no le correspondía, Eva no solo halló lágrimas para ella, sino para todo el género humano hasta hoy. Al buscar lo que no tenía que buscar, halló sinsabores y agonía para la humanidad hasta hoy. Es más, al buscar lo que no tenía que buscar, desató una cadena de corrupción, rebeldía y violencia hasta hoy. Todo por una decisión egoísta. Todo por buscar lo que no tenía que buscar.

¿Aprendió el hombre la lección? ¡No! A esto le siguió la segunda terrible sacudida de la humanidad en el acto egoísta de

Caín: «Mi ofrenda será superior a la tuya». Y desde entonces los hombres aprendieron a matarse los unos a los otros. Así que se matan con mentiras, celos, traiciones, calumnias, robos, fraudes y también con las armas.

Después, a fin de frenar la vorágine, surge este mandamiento: «Ama a tu prójimo como a ti mismo» (Mateo 22:39). Sin embargo, parece ser que el hombre lo interpretó al revés: «Odiarás a tu prójimo como a ti mismo». Lo más triste es que decimos amar a Dios:

Y este mandamiento tenemos de Él: que el que ama a Dios, ame también a su hermano. (1 Juan 4:21, LBLA)

Luego le sigue la tercera sacudida de la humanidad: La traición a Jesús. Judas, por treinta miserables piezas de plata, traiciona y hace reo al único hombre perfecto del mundo. Solo por dinero, solo por codicia, envidia y egoísmo... ¡Traicionar al Maestro! ¡Qué acto tan egoísta!

De nosotros depende de quién vamos a ser instrumentos. De no matar al egoísmo, este nos matará a nosotros.

Hábitos que quitan las cargas y el estrés

Antes que todo, la Palabra de Dios viene en nuestra ayuda para crear hábitos sanos que nos ayudan a eliminar las cargas que nos agobian y el estrés.

El corazón tranquilo da vida al cuerpo. (Proverbios 14:30)

El SEÑOR es mi pastor; tengo todo lo que necesito. (Salmo 23:1, NTV)

En verdes pastos me hace descansar. (Salmo 23:2)

Piensen en todo lo que es verdadero [...] Mantengan su mente ocupada en eso. (Filipenses 4:8, PDT)

Cuando me siento agobiado, solo tú sabes qué camino debo tomar. (Salmo 142:3, NTV)

A la hora de definir los tipos de cargas, vemos una serie de diferencias entre las que son existenciales y las que se presentan de manera crónica. Aunque ya analizamos el tema del estrés, ahondaré algo más al respecto, pues se relaciona mucho con las cargas de la vida.

Al analizar las cargas existenciales, vemos que se pueden manifestar de diversas maneras. Por ejemplo:

1. Llegas tarde
2. Se pinchó el neumático del auto
3. Hay una fila larga
4. El grito de un niño
5. Una música demasiado alta

Estudios científicos revelan que las cargas producen estrés crónico y que esto puede ser devastador. Entre las causas del estrés encontramos lo siguiente:

1. **Preocupación**
   Hace siete años no teníamos que preocuparnos por el robo de identidad ni por las pandemias.
2. **Prisa**
   La velocidad crea estrés, pues todo el mundo quiere las cosas al instante, que todo sea al vapor.
3. **Multitudes**
   a. Urbanización: El 83 % de la población estadounidense vive en grandes ciudades.
   b. En el año 1800, Londres tenía un millón de habitantes, pero hoy tiene casi nueve millones.
   c. Bombay, India, tiene alrededor de quince millones de habitantes, pero al agrupar su región metropolitana junto con las zonas urbanas vecinas, se calcula que su población ascienda a más de veintiún millones.

d. Tokio, Japón, tiene más de trece millones de habitantes, aunque en su área metropolitana la población supera los cuarenta millones.

e. Ciudad de México cuenta con una población de más de nueve millones.

f. El tráfico en las grandes ciudades es motivo de estrés.

g. En el año 2019, en las setenta y cinco ciudades más grandes de Estados Unidos se perdieron seis mil millones galones de gasolina debido a la congestión vehicular.

4. **Opciones**
   a. El cuarto estrés moderno es tener muchas opciones.
   b. Las opciones crean indecisiones y estas causan estrés.
   c. Antes había dos clases de pasta de dientes, ahora hay sesenta.
   d. Antes había un solo jarabe para la tos, ahora hay cincuenta.

5. **Pérdida de privacidad**
   En esto influyen mucho las redes sociales y la televisión.

6. **Pluralismo**
   Estás rodeado de personas diferentes.

7. **Temor al futuro**
   Hoy en día, se le teme al futuro porque nada es previsible...

El Salmo 23 es el más amado y el más leído de la Biblia. ¿Por qué será? Porque nos habla de seguridad.

¿A cuántos de ustedes les gustaría estar más saludables? ¿A cuántos de ustedes les gustaría vivir más tiempo? La Biblia dice: «El corazón tranquilo da vida al cuerpo» (Proverbios 14:30).

Hábitos espirituales que reducen el estrés

Ahora, observa también siete hábitos espirituales capaces de reducir el estrés.

1. **La búsqueda de Dios para todas tus necesidades:** Deja de pensar en las cosas que puedes perder, como trabajo, dinero, matrimonio, salud. Es más, no pongas tu seguridad en algo que te pueden quitar.
   a. «El Señor es mi pastor; tengo todo lo que necesito» (Salmo 23:1, NTV).
   b. «El que no escatimó ni a su propio Hijo, sino que lo entregó por todos nosotros, ¿cómo no habrá de darnos generosamente, junto con él, todas las cosas?» (Romanos 8:32).
   c. «En la tranquilidad y en la confianza está su fortaleza» (Isaías 30:15, NTV).
2. **Obedece las instrucciones de Dios en cuanto al descanso**
   a. ¿Cuántos mensajes tienes en tu celular que no has leído?
   b. ¿Por qué Dios te creó con la necesidad de dormir?
   c. El descanso es tan importante que Dios lo puso en los Diez Mandamientos.
   d. En mi día de descanso se supone que repose mi cuerpo, que refresque mi espíritu, que canalice mis emociones, etc.
3. **Recarga tu alma con cosas bellas**
   a. La fealdad te estresa, la belleza te inspira. La belleza motiva y despierta emociones positivas.
   b. Piensa en por qué Dios hizo el mundo tan hermoso.
   c. El hombre se creó para vivir en un jardín no en un rascacielos.
   d. «En lugares de verdes pastos me hace descansar» (Salmo 23:2).
   e. Si eres muy estéril, muy áspero, necesitas arte y belleza en tu vida. Así que, comienza el día con Dios, asegúrate de poner a Jesús en tu corazón, sal todos los días, pon belleza a tu alrededor y ponle música a tu vida.
4. **Pídele a Dios que te guíe**
   a. Dios debe ser la fuente número uno para tu dirección.

b. «Me guía por sendas de justicia por amor a su nombre» (Salmo 23:3).

5. **Confía en Dios en medio de las tribulaciones**
   a. Todos vamos a pasar por valles oscuros.
   b. «Aunque pase por el valle de sombra de muerte, no temeré mal alguno» (Salmo 23:4, LBLA).
   c. Dondequiera que haya una sombra es porque hay luz.

6. **Deja que Dios sea tu defensor**
   a. Los conflictos, oposiciones, ataques y celos producen estrés. Permite que Dios sea el que se encargue de todo esto que te provoca estrés.
   b. «Tu preparas mesa delante de mí en presencia de mis enemigos» (Salmo 23:5, LBLA).

7. **Espera que Dios complete su obra en ti**
   a. «Ciertamente tu bondad y tu amor inagotable me seguirán todos los días de mi vida, y en la casa del SEÑOR viviré por siempre» (Salmo 23:6, NTV).

¿Cómo disminuye tu estrés? Decide esperar que Dios termine lo que comenzó. Cuando vamos en yugo con Cristo, nos movemos en la misma dirección y humillamos la vulnerabilidad.

Cómo lidiar con los sentimientos

Aunque los sentimientos son el hecho o efecto de sentir o sentirse, también son los estados afectivos del ánimo, por lo que están muy relacionados con las emociones. La Biblia nos los muestra de esta manera:

Como ciudad sin defensa y sin murallas es quien no sabe dominarse. (Proverbios 25:28)

Practiquen el dominio propio y manténganse alerta. Su enemigo el diablo ronda como león rugiente, buscando a quién devorar. (1 Pedro 5:8)

Entonces, ¿qué son las emociones? Son las alteraciones del ánimo, ya sean intensas y pasajeras, agradables o penosas. Dios tiene emociones, por eso tú eres un ser emocional. Te crearon a la semejanza de Dios.

«Y dijo: Hagamos al ser humano a nuestra imagen y semejanza». (Génesis 1:26)

Mi habilidad de sentir es un regalo de Dios. Las emociones son lo único que te convierten en un ser humano que es superior a todo lo creado. Sin embargo, hay dos extremos que debes evitar:

- El emocionalismo: «Lo único que importa es lo que siento». De ahí que el emocionalismo sea el estado de exaltación emocional que le da mayor relevancia a lo sensible sobre lo racional.

- El estoicismo: El estoico es la persona que reprime los sentimientos o aguanta con paciencia: «No podemos controlar lo que pasa a nuestro alrededor, pero sí podemos controlar lo que pensamos sobre estos eventos». El estoicismo es una escuela filosófica fundada por Zenón de Citio en Atenas a principios del siglo III a. C.

Dios quiere que *lo sientas* por eso te dio las emociones. En la Biblia, las palabras pasión, afecto y amor son sinónimas de emoción.

Ahora bien, el análisis de las emociones y de los pensamientos nos conduce al sistema límbico. La principal contribución a la ciencia de James Papez (1883-1958), neurólogo estadounidense, es la descripción del llamado circuito de Papez. Este circuito es un conjunto de estructuras nerviosas situadas en el cerebro, que forman parte del sistema límbico y están implicadas en el control de las emociones.

Papez creía que la información sensorial que llega al tálamo se dirigía hacia la corteza cerebral y el hipotálamo. Entonces, la información que salía de hipotálamo daba lugar a las respuestas emocionales de control del cuerpo y, por último, la información que salía de la corteza daba lugar a los sentimientos emocionales. Los trayectos seguidos hasta la corteza se llamaban «canal del pensamiento».

Las emociones no importan más que los pensamientos, pero casi todo el mundo depende de ellas; y he ahí un gran problema. Muchas personas buscan emociones, en lugar de buscar a Dios. Así que, cuando adoran, ¿practican las emociones santas o las humanas?

Dios te dio una mente y un corazón, y ambos son importantes. Por lo tanto, es conveniente controlar bien las emociones. Aquí tienes cuatro razones que te lo muestran:

1. A veces, los sentimientos no son del todo fiables: Tus instintos, tu intuición, tus arranques no son siempre buenos... No todo lo que sientes es auténtico. Imagínate la combinación de los sentimientos y la vulnerabilidad.

   Hay caminos que al hombre le parecen rectos, pero que acaban por ser caminos de muerte. (Proverbios 14:12)

2. Si a ti siempre te guía lo que sientes y no lo que es adecuado, se aprovecharán de ti y serás víctima de la manipulación. ¡Qué hábiles son los vendedores! A menudo, los instruyen para engañar.

   Como ciudad sin muralla y expuesta al peligro, así es quien no sabe dominar sus impulsos. (Proverbios 25:28, DHH)

   Un recurso favorito de Satanás es el de las emociones negativas: miedo, resentimiento, preocupación, ansiedad, vergüenza, amargura. Por eso siempre las usará para aplastarte.

3. Tengo que controlar mis emociones, porque quiero agradar a Dios.

   El que se deja controlar por su mentalidad humana tendrá muerte, pero el que deja que el Espíritu controle su mente tendrá vida y paz. (Romanos 8:6, PDT)

4. Debo controlar mis emociones, pues quiero tener éxito en la vida. ¿Tú sabes cómo controlar tus emociones? Si lo desconoces, NO vas a ser exitoso. Entonces, ¿cómo viene la falta de dominio propio? Por eventos y cosas, como una tonta fiesta de noche, una discusión sin sentido, una interpretación equivocada. Cuando le entregas tu vida a Jesús, eso incluye tus emociones.

Eso significa que estás dispuesto a vivir el resto de su vida según la voluntad de Dios y no según los deseos humanos. (1 Pedro 4:2)

Cómo lidiar con un sentimiento indeseado

A fin de afrontar los sentimientos indeseados, debemos tener presente tres cosas muy importantes:

1. Debes identificarlo. Si no lo sabes, te lo diré mediante esta pregunta: «¿Cómo se llamaban las emociones que sentiste la semana pasada?». Uno no puede resolver un problema que no es capaz de identificar.
2. Debes enmarcarlo. Al igual que David, repite estas palabras como una oración:

   Ponme a prueba, SEÑOR, e interrógame; examina mis intenciones y mi corazón. (Salmo 26:2, NTV)

   Luego, a fin de identificar el problema, pregúntate: «¿Cuál es la razón por la que siento esto? ¿Lo que siento es *verdad* o es una *suposición*? ¿Esto me *ayuda* o me *hace mal*? ¿Esta emoción me *lleva a donde quiero ir*?».

3. Debes domarlo; es decir, resistir, vencer, controlar, enseñar Esta es la tercera cosa que debes hacer para lidiar con un sentimiento indeseado. Cuando tienes una emoción

o un sentimiento que no te ayuda, necesitas realizar una conversión, cambio o mutación.

Ahora, te pregunto: «¿Usas el enojo, los bloqueos, el dolor, la ira, las frustraciones, los desengaños para tu bien?». ¡Pues claro que no! Si no sabes cómo se provocan las emociones salvajes en ti, estas señales te lo mostrarán en cuanto reconozcas lo siguiente:

- Me preocupo por todo.
- Soy muy crítico.
- Soy miedoso.
- No tengo paciencia.
- Me enojo con facilidad.
- Soy controlador.
- Soy dominante.
- Soy explosivo.
- Soy prejuicioso.

Entonces, ¿cómo *domas* tus emociones salvajes? Permite que el Espíritu Santo sea quien las controle.

No es por el poder ni por la fuerza, sino por mi Espíritu, dice el Señor de los Ejércitos Celestiales. (Zacarías 4:6, NTV)

Cómo logras que el Espíritu Santo tome el control

Antes que todo, este es el consejo que nos da la Palabra: «Sean llenos del Espíritu Santo» (Efesios 5:18). Así que todos los días...

1. Pídele a Dios que te llene de su Espíritu.
2. Pídele a Dios que ate lo que dices.
3. Haz que la Palabra de Dios sea la que hable en tu lugar.
4. Deja de vivir tanto para ti.
5. Pon tus puntos vulnerables en las manos de Dios.

Al final, ora diciendo:

Padre:
Gracias por darme la habilidad de sentir. Ayúdame a evitar los excesos emocionales. Ayúdame a dirigir mis emociones y ajustarlas a tu Palabra. Líbrame de las emociones salvajes. Padre, sé que esas emociones son parte de mi fragilidad, ayúdame a superarlas para bien de mi vida espiritual.

Hagamos huecos en las tinieblas

Durante la Fiesta de los Tabernáculos, al finalizar las cosechas, se encendían antorchas gigantes y ese fue el contexto que Jesús usó para decir: «Yo soy la luz del mundo» (Juan 8:12). Nuestras cosas feas son penumbras arrojadas sobre la magnífica luz de Jesucristo. A esa magnífica luz la han amado, reverenciado y servido grandes figuras de la humanidad.

- William Jennings Bryan (1860-1925), tres veces candidato a la Presidencia de Estados Unidos que llegó a ser secretario de Estado, dijo en cierta ocasión: «Hay más gozo en traer almas a los pies de Cristo que tres nominaciones presidenciales».
- Hellen Keller (1880-1968), escritora, oradora y activista política sordociega estadounidense, dijo: «Por más tenebroso que parezca mi camino, siempre llevo conmigo una luz magnífica en el corazón, el evangelio».
- Robert Ingersoll, escritor ateo, le envió uno de sus libros a su tía cristiana para convencerla de que Dios no existía. Sin embargo, en la primera hoja del libro le escribió estas palabras: «Tía, si todos los cristianos hubieran brillado como tú, es probable que este libro jamás se hubiera escrito»[1].
- Gustavo Pena Casanova, apodado «El Príncipe», fue un cantautor uruguayo que escribió una canción titulada «La perla y el diamante», de la que aquí tienes un fragmento:

Dijo la perla al diamante:
Valgo mucho más que tú
Del negro carbón naciste
Y yo de la mar azul.

Y le contestó el diamante:
Tu mérito es muy común
Siempre fuiste y serás blanca
Yo fui negro y vierto luz[1].

«Yo soy la luz del mundo»

Desde Belén hasta hoy, Jesús sigue siendo la luz del mundo. Cuando el macabro rayo de luz brotó de la boca de la bomba atómica, Él seguía siendo la luz del mundo. Cuando se desataron las guerras de Vietnam, Irak y tantas otras más, Él siguió siendo la perfecta luz del mundo. Nosotros tenemos el llamado a dejar ver esa luz. Somos luces por razón de ser portadores y seguidores de la Luz perfecta.

Así alumbre vuestra luz delante de los hombres, para que vean vuestras buenas obras, y glorifiquen a vuestro Padre que está en los cielos. (Mateo 5:16, RVR60)

Yo soy la luz del mundo. El que me sigue no andará en tinieblas, sino que tendrá la luz de la vida. (Juan 8:12)

El texto original en griego dice: «El que me sigue, de ninguna manera andará en tinieblas».

Cuando el célebre autor escocés Robert L. Stevenson era niño, le encantaba observar al farolero que pasaba al oscurecer prendiendo los faroles en las calles. Una noche, estaba muy quieto y su niñera, sorprendida, quiso saber lo que hacía. El niño le dijo: «Estoy mirando al hombre que está haciendo huecos en las tinieblas».

¿Nosotros estamos haciendo huecos en las tinieblas? ¿O las tinieblas están haciendo huecos en nosotros?

El pueblo que andaba en la oscuridad ha visto una gran luz;
sobre los que vivían en densas tinieblas la luz ha resplandeci-
do. (Isaías 9:2)

¿El corazón del asunto es soltar las riendas?

Para soltar las riendas, debes entregarte a Jesús y presentarle todo tu ser, de modo que tus propósitos sean justos.

No entreguen su cuerpo al pecado, como instrumento para hacer lo malo. Al contrario, entréguense a Dios, como personas que han muerto y han vuelto a vivir, y entréguenle su cuerpo como instrumento para hacer lo que es justo ante él. (Romanos 6:13, DHH)

¿Por qué Pablo pedía a los cristianos de Roma que se entregasen? El corazón del asunto es someterse, redituar. Haces huecos en las tinieblas de tu vulnerabilidad cuando te entregas... ¡para dejar entrar la luz!

La palabra *rendición* es poco popular. Es tan fea como la palabra *sumisión*. Implica derrota, y nadie quiere ser un perdedor. Además, implica admitir vulnerabilidad y nadie quiere enseñar eso... Casi siempre se usa en un contexto negativo. No se escucha mucho hablar de rendirse. Sin embargo, la entrega a Dios es el corazón del asunto. No nos entregamos a Él por temor u obligación, sino por amor, pues Él nos amó primero (lee 1 Juan 4:9-10).

Pablo nos exhorta a entregar nuestra vida a Dios en ofrecimiento:

Por lo tanto, hermanos, tomando en cuenta la misericordia de Dios, les ruego que cada uno de ustedes, en adoración espiritual, ofrezca su cuerpo como sacrificio vivo, santo y agradable a Dios. (Romanos 12:1)

La esencia de las conquistas está en ofrecerse a Dios y confiar en Él

Existen tres obstáculos que bloquean nuestra *entrega* total a Dios: el *temor*, el *orgullo* y la *confusión*. Estos son síndromes de la *vulnerabilidad*...

Entonces, ¿puedo confiar en Dios? Lo cierto es que el temor impide que nos entreguemos, pero «el amor perfecto echa fuera el temor» (1 Juan 4:18). Cuanto más nos demos cuenta de lo mucho que nos ama Dios, más fácil nos resultará la entrega.

Ahora bien, ¿cómo sabes que Dios te ama? Su Palabra lo afirma:

- Declara que te ama: «Dios mostró cuánto nos ama al enviar a su único Hijo al mundo, para que tengamos vida eterna por medio de él» (1 Juan 4:9, NTV). «El SEÑOR da vista a los ciegos, el SEÑOR sostiene a los agobiados, el SEÑOR ama a los justos» (Salmo 146:8).
- Nunca te pierde de vista: «Me ves cuando viajo y cuando descanso en casa. Sabes todo lo que hago» (Salmo 139:3, NTV).
- Cuida de todos los detalles de tu vida: «Él les tiene contados a ustedes aun los cabellos de la cabeza» (Mateo 10:30).
- Te dio la capacidad de disfrutar de toda clase de placeres: «Dios [...] nos provee de todo en abundancia para que lo disfrutemos» (1 Timoteo 6:17).
- Tiene buenos planes para tu vida: «Yo sé muy bien los planes que tengo para ustedes [...] planes de bienestar y no de calamidad, a fin de darles un futuro y una esperanza» (Jeremías 29:11).
- Te perdona: «Tú, SEÑOR, eres bueno y perdonador; grande es tu amor por todos los que te invocan» (Salmo 86:5).
- Es cariñoso y paciente contigo: «El SEÑOR es clemente y compasivo, lento para la ira y grande en amor» (Salmo 145:8).

La mayor expresión de amor es el sacrificio del Hijo de Dios por ti: «Dios demuestra su amor por nosotros en esto: en que cuando todavía éramos pecadores, Cristo murió por nosotros» (Romanos 5:8). Si quieres saber cuán importante eres para Dios, mira a Cristo con sus brazos extendidos en la cruz, diciéndote: «¡Mi amor es así de grande!». Dios no es un esclavizador cruel ni un explotador que usa la fuerza bruta y la coerción para someternos.

Reconozcamos nuestras limitaciones como seres vulnerables

El gran obstáculo para nuestra entrega total es nuestro *orgullo*. No queremos admitir que somos simples criaturas y que no podemos controlarlo todo.

La vida es una lucha, pero lo que muchas personas ignoran es que la nuestra, como la de Jacob, ¡es en realidad una lucha con Dios! Si queremos ser como Dios, de ninguna manera seremos capaces de ganar esa lucha. No somos Dios, ni nunca lo seremos. Cuando pretendemos ser Dios, acabamos pareciéndonos a Satanás, que pretendía eso mismo. A Eva el diablo le dijo: «Llegarán a ser como Dios» (Génesis 3:5), ¡y ella se lo creyó!

No acabamos de aceptar nuestras limitaciones ni lo que somos. Así que deseamos ser más altos o más bajos, más inteligentes, más fuertes, más talentosos, más hermosos y más ricos.

Al darnos cuenta de que Dios nos dota con características para no responder con *envidia*, *celos* y *autocompasión*, ahí debiéramos caer de rodillas y darle gracias.

Lo que significa rendirse

La rendición a Dios no es resignación pasiva ni fatalismo. Es sacrificar nuestra vida y sufrir para cambiar lo que se debe modificar. Dios suele llamar a las personas consagradas a luchar con Él. ¡Dios no quiere robarte la mente que te dio! No quiere robots a su servicio. Él quiere usar nuestra personalidad, que es única.

C.S. Lewis, apologista cristiano y escritor británico, señaló: «Cuanto más dejamos que Dios tome nuestra vida, más verdaderamente nos convertimos en lo que somos, porque él nos creó»[3]. Cuando me vuelvo a Cristo, cuando me rindo a su personalidad, entonces comienzo a tener mi verdadera personalidad.

No podemos llamar Señor a Jesús si nos negamos a obedecerle. Después de pasar la noche pescando infructuosamente, Simón fue un modelo de entrega cuando Jesús le dijo que intentara de nuevo: «Maestro, hemos estado trabajando duro toda la noche y no hemos pescado nada [...] Pero, como tú me lo mandas, echaré las redes» (Lucas 5:5). Las personas consagradas obedecen la Palabra de Dios, aun cuando piensen que no tiene sentido.

Uno suelta las riendas y deja que Dios obre. No necesitas tener «siempre el control». La Biblia dice que debemos entregarnos al Señor y esperar en Él: «Guarda silencio ante el SEÑOR, y espera en él con paciencia» (Salmo 37:7). En lugar de esforzarte más, confía más. También sabes que te has rendido cuando no reaccionas a la crítica ni te apresuras a defenderte. Una vez que nos entregamos a Dios, ya no descalificamos a los demás, no exigimos nuestros derechos ni buscamos nuestro propio bien.

Para muchas personas, el elemento más difícil de entregar es su dinero, su persona, su tiempo y su voluntad. El ejemplo supremo de entrega personal es Jesús. En el caso de Jesús, la agonía por el plan de Dios fue tanta que sudó gotas de sangre.

Las bendiciones de rendirnos

La Biblia no podría ser más clara con respecto a los beneficios que trae una vida entregada por completo a Dios.

1. En primer lugar, *experimentamos paz*: «Sométete a Dios y tendrás paz, entonces te irá bien» (Job 22:21, NTV).
2. Serás libre en cualquier lugar y para siempre: «Cristo nos libertó para que vivamos en libertad» (Gálatas 5:1).
3. Esta entrega no nos debilita, nos fortalece.

William Booth, el fundador del Ejército de Salvación, dijo: «La grandeza del poder de un hombre se mide por el grado de su consagración». Dios usa a personas consagradas.

La mejor manera de vivir

Al fin y al cabo, todos acabaremos rindiéndonos a algo o a alguien. Si no nos entregamos a Dios, nos *entregaremos* a las opiniones o expectativas de otros, al dinero, al resentimiento, al temor, a nuestro propio orgullo, a nuestro deseo o a nuestro ego. No podremos librarnos de las consecuencias de esa elección.

E. Stanley Jones, misionero, teólogo y autor cristiano estadounidense, dijo: «Si uno no se entrega a Cristo, se entrega al caos». Entregarse no es la mejor manera de vivir, es la única manera de vivir. Entregar nuestra vida no es un impulso emocional ni insensato, sino una acción inteligente y racional. Se trata del acto más responsable y sensato que podemos hacer con nuestra vida.

Tus momentos más sabios serán esos cuando le digas a Dios: «¡Sí!». Puede que te consuma años, pero al fin descubrirás que el mayor estorbo a la bendición de Dios en tu vida no son los demás, sino *tú mismo*.

Si Dios va a trabajar a fondo contigo, comenzará con eso. Entrégale todo a Dios: lo que lamentas de tu pasado, tus problemas del presente, tus ambiciones para el futuro, tus temores, tus sueños, tus debilidades, tus costumbres, tus penas, tus complejos y tus imposibilidades. Serás como Pablo, que siempre estaba listo para cualquier cosa y para enfrentarse a cualquier circunstancia, gracias a Aquel que le infundía la fuerza interior para decir: «Todo lo puedo en Cristo que me fortalece» (Filipenses 4:13).

Una advertencia: Cuando decidimos tener una vida consagrada por entero, *esta decisión se pondrá a prueba*. Varias veces implicará ir en contra de lo que deseamos hacer.

Uno de los líderes cristianos más grandes del siglo veinte fue Bill Bright, el fundador de Cruzada Estudiantil y Profesional para Cristo. Gracias al personal de la Cruzada en todo el mundo, al folleto titulado *¿Ha oído usted las cuatro leyes espirituales?* y a la película *Jesús*, que ha superado los mil millones de espectadores, más de ciento cincuenta millones de personas aceptaron a Cristo y pasarán la eternidad en el cielo.

En una ocasión, se le preguntó a Bill: «¿Por qué Dios ha usado tu vida y te ha bendecido tanto?». A lo que contestó: «Cuando era joven, hice un contrato con Dios. Lo escribí y firmé, de mi puño y letra. Decía: "A partir de hoy, soy esclavo de Jesucristo"».

¿Alguna vez has firmado un contrato como ese con Dios? ¿O todavía estás discutiendo y luchando con Dios acerca del derecho o no derecho que Él tiene de hacer con tu vida lo que le plazca?

Cómo lidiar con los problemas, las frustraciones y la vulnerabilidad

A menudo, tenemos que afrontar problemas y frustraciones. En esos momentos es cuando más vulnerables podemos sentirnos. Sin embargo, debemos tener presente que Dios usa estos obstáculos para sacar lo mejor de nosotros.

1. Dios usa los problemas para dirigirnos: «Todo mortal es como un suspiro; sus días son fugaces como una sombra» (Salmo 144:4).
2. Dios usa los problemas para inspeccionarnos: «Pero yo, el Señor, investigo todos los corazones y examino las intenciones secretas. A todos les doy la debida recompensa, según lo merecen sus acciones» (Jeremías 17:10, NTV).
3. Dios está más interesado en tu integridad que en tu imagen.
4. Las personas son como una bolsita de té: No saben lo que tienen dentro hasta que las metes en agua hirviendo.
5. Dios usa los problemas para corregirnos.
6. La vida es una escuela y los problemas son el plan de estudios.

7. Dios usa los problemas para protegernos: «Los pasos del hombre los dirige el SEÑOR. ¿Cómo puede el hombre entender su propio camino?» *(Proverbios 20:24)*.

8. Dios utiliza los problemas para perfeccionarnos. Sufrir es el precio más alto del crecimiento: «Después de que ustedes hayan sufrido un poco de tiempo, Dios mismo, el Dios de toda gracia que los llamó a su gloria eterna en Cristo, los restaurará y los hará fuertes, firmes y estables» (1 Pedro 5:10).

9. Un mismo problema puede ayudarte a crecer o a sentirte más amargado. Puede ser una piedra de tropiezo o un escalón para subir a otro nivel. Depende de ti. Somos frágiles, pero Él no.

Cómo administrar el tiempo

Lo cierto es que el mal uso del tiempo te puede hacer muy muy vulnerable. Veamos cómo evitarlo.

1. Administrar el tiempo es administrar la vida. Las malas decisiones causan presión.

2. Consejos para administrar el tiempo:

   • Analiza tu estilo de vida.
   • Dale prioridad a lo que es importante.
   • Ten el tiempo suficiente para hacer la voluntad de Dios.
   • Economiza tus energías.
   • Utiliza el presente.

3. Los propósitos de la vida que debes poner en práctica todos los días:

   • Adorar a Dios.
   • Practicar el compañerismo.
   • Madurar y crecer mediante el discipulado.

- Servir a otros.
- Hablar de Jesús.

Así que tengan cuidado de su manera de vivir. No vivan como necios, sino como sabios. (Efesios 5:15)

Cómo administrar los talentos

Los talentos no son para guardarlos, sino para usarlos y administrarlos con sabiduría.

1. Tres principios para administrar tus talentos:

   - Todo lo que tienes le pertenece a Dios.
   - Dios te ha prestado una serie de talentos.
   - Dios te dio habilidades.

2. Tres formas de honrar a Dios con tus talentos:

   - Trabaja con honradez.
   - Edifica tu iglesia.
   - Sirve a otros.

3. El miedo impide que uses tus talentos.
4. Tres clases de temor:

   - Falta de confianza.
   - Sentimiento de inadecuación.
   - Autocompasión.

5. Si no uso mi don lo empobreceré.

Cómo administrar los bienes

Los bienes forman parte de la vida y se deben administrar como es debido. Aquí tienes algunos aspectos clave.

1. El dinero es un recurso y una prueba: «Si ustedes no han sido honrados en el uso de las riquezas mundanas, ¿quién les confiará las verdaderas?» (Lucas 16:11).
2. Lo que no debes hacer con tu dinero:

   - No lo ames.
   - No vivas para él.
   - No confíes en él.
   - No lo acumules.
   - No te pertenece.

3. Lo que Dios quiere que hagas con tu dinero:

   - Usa el diez por ciento para honrar a Dios.
   - Usa una parte para ahorrar e invertir: Aprende a ajustarte a un presupuesto.
   - Usa una parte para proveer a tu familia.
   - Invierte en el mejoramiento de tu carácter.
   - Usa una parte para ayudar a otros.
   - Usa una parte para ganar a otros para Jesús.

4. Pon en práctica la oración de Agur: «No me des pobreza ni riquezas, sino solo el pan de cada día. Porque teniendo mucho, podría desconocerte y decir: "¿Y quién es el Señor?". Y teniendo poco, podría llegar a robar y deshonrar así el nombre de mi Dios» (Proverbios 30:8-9).

Cómo administrar al equipo

A diario, nos rodeamos de personas que pueden llegar a formar parte de nuestro equipo, y esto también implica una buena administración. Aquí tienes los cuatro equipos de tu vida:

1. Modelos que te inspiren: ¿Quiénes son tus modelos?
2. Mentores que te aconsejen.
3. Compañeros que te ayuden.

4. Amigos que te apoyen: Para tener esta clase de amigos, tú debes ser esa clase de amigo.

Pocas veces hemos escuchado una mejor definición de la fe que la que dio un anciano: «Lo que hay que hacer es creer que Él ya ha hecho lo que le pedimos, y está hecho». Dios hizo y sigue haciendo, lo que falta es que tú creas.

«Si puedes creer, al que cree todo le es posible». (Marcos 9:23)

La perseverancia en el camino para ser invulnerables

Sin duda, a veces nos parece que ser invulnerables es imposible. Sin embargo, ese es un desafío que tenemos por delante. Analiza lo que nos aconseja la Palabra:

> Por eso, dejando a un lado las enseñanzas elementales acerca de Cristo, avancemos hacia la madurez. No volvamos a poner los fundamentos, tales como el arrepentimiento de las obras que conducen a la muerte. (Hebreos 6:1)

Los triunfadores son personas *perseverantes* que echan a un rincón sus límites y creen en Dios y en sí mismos.

Entonces, ¿qué significa *perseverar*? «Mantenerse constante en la prosecución de lo comenzado, en una actitud o en una opinión. Durar permanentemente o por largo tiempo»[4]. En otras palabras, significa perdurar, mantenerse, permanecer, persistir, proseguir, continuar, empeñarse, insistir, obstinarse. Por lo tanto, una persona que persevera no vuelve atrás, no desiste, no renuncia, no cede.

En cualquier evento atlético de participación, muchos deportistas comienzan, pero pocos terminan. Así que la perseverancia es fundamental:

> Cualquiera que se extravía, y no persevera en la doctrina de Cristo, no tiene a Dios; el que persevera en la doctrina de Cristo, ese sí tiene al Padre y al Hijo. (2 Juan 9, RVR60)

Los finalistas son los que se van a premiar y recordar

En el campo deportivo de la vida, ¿qué clase de jugador te gustaría ser? ¿Qué pesa más? ¿Tu fe o tu vulnerabilidad? Además, en el campo de batalla de la vida, ¿qué clase de soldado eres? La Biblia dice:

Al de carácter firme lo guardarás en perfecta paz, porque en ti confía. (Isaías 26:3)

Por causa de mi nombre todo el mundo los odiará, pero el que se mantenga firme hasta el fin será salvo. (Mateo 10:22)

También la Biblia nos dice en el libro de Hechos que los cristianos de la iglesia primitiva perseveraban en la oración (1:14), en la enseñanza y la comunión (2:42), y en la asistencia al templo (2:46).

De modo que si quieres finalizar bien, ten en cuenta lo que crees. El apóstol Pablo lo expresó de esta manera:

He peleado la buena batalla, he acabado la carrera, he guardado la fe. (2 Timoteo 4:7, RVR60)

Por lo tanto, suelta tus *pesos*, a fin de que puedas correr sin impedimentos.

Nosotros, que estamos rodeados de una multitud tan grande de testigos, despojémonos del lastre que nos estorba, en especial del pecado que nos asedia, y corramos con perseverancia la carrera que tenemos por delante. (Hebreos 12:1)

Por otro lado, no te dejes llevar por las malas influencias que te impidan una buena carrera.

Carlos Marx, filósofo y político comunista, se crio en Alemania, y como miembro de una familia judía, cada semana iba a la sinagoga y estudiaba la Torá. Durante su adolescencia, su familia se mudó a otra ciudad donde no había una sinagoga y su padre le anunció a la familia que dejarían sus tradiciones judías y asistirían a una iglesia luterana. La familia se quedó perpleja, pero el padre no dio ninguna explicación.

Carlos estaba desconcertado y contrariado... Así que, más tarde, se fue de Alemania para Inglaterra a fin de estudiar en una importante universidad. Tiempo después escribió un libro en el que describía la religión como el «opio de los pueblos».

Por casi un siglo, más de mil millones de personas vivieron bajo un sistema definido por un hombre desilusionado y amargado: Carlos Marx. La influencia de la hipocresía de sus padres se extendió por todo el mundo. Es más, la influencia tan negativa del padre de Carlos Marx se extendió como una bacteria por todo el mundo.

Entonces, ¿qué vas a hacer? ¿Te irás tras las malas influencias o seguirás al Señor para terminar bien?

Mantengamos firme la esperanza que profesamos, porque fiel es el que hizo la promesa. (Hebreos 10:23)

Los finalistas no subestiman a los demás corredores porque tanto unos como otros son vulnerables

Cierto día un niño de seis años regresó a su casa con una nota de la maestra. La nota decía: «Su hijo está incapacitado para los estudios». ¿Saben quién era el niño? Thomas A. Edison, el inventor de la lámpara incandescente, el fonógrafo, el acumulador de corriente y el perfeccionador del teléfono.

Un abuelo le dio a su nieto diez centavos y le dijo: «Este es el primer dinero que ganas con tu poesía y, créeme, será el último». ¿Sabes quién era el chico? Alfred Tennyson, el máximo exponente de la poesía en la era victoriana y famoso dramaturgo inglés.

Una mujer dudó en darle la mano de su hija en casamiento a un incipiente joven que se decía ser tipógrafo. ¿Sabes quién era el incipiente tipógrafo? Benjamín Franklin, el inventor del pararrayos, político, físico, filósofo. Uno de los promotores de las colonias inglesas en Estados Unidos.

A veces, cuando estamos muy cerca de las personas, no podemos ver la longitud y la anchura de la vida de esas personas. Tal vez tú hayas subestimado a alguna persona y tal vez su nombre llegue a estar en la historia y el tuyo no.

Estas son las tres máximas para llegar lejos en el camino de la perfección:

1. En el estadio de la vida, sé un finalista.
2. Que tus creencias cristianas sean tan fuertes para que tus obras sean así, fuertes.
3. No subestimes a los demás que compiten contigo en el estadio de la vida.

Pero Dios construía un puente

El Edén estaba lleno de riquezas y de gloria (Génesis 2:8-14). Sin embargo, en otras palabras, Dios le dijo al hombre: «Come y disfruta de todo... ¡pero ni se te ocurra comer del fruto prohibido!». La consecuencia más inmediata de la acción de Adán y Eva fue la muerte espiritual... ¿Qué significó eso?

1. Se rompió la unión y la intimidad que tenían con Dios.
2. Se quedaron solos y separados de Él.
3. Los echaron fuera, los expulsaron, del Edén.
4. Los querubines y una espada encendida custodiaban el camino que llevaba al árbol de la vida (Génesis 3:24) o al *regreso* a Dios.
5. Ahora estaban sin luz, sin dirección y *vacíos*.

Blaise Pascal, reconocido matemático, físico, filósofo, teólogo y apologista francés, expresó lo siguiente:

En el corazón de todo hombre existe un vacío que tiene la forma de Dios. Este vacío no puede ser llenado por ninguna cosa creada. Él puede ser llenado únicamente por Dios, hecho conocido mediante Cristo Jesús[5].

El hombre lejos de Cristo está vacío y sin perspectivas. Lejos de Cristo somos como un auto nuevo que sale de la línea de producción de una fábrica en Detroit, pero que ignoramos para qué sirve.

Supongamos que el representante de la fábrica trae desde la selva a un aborigen que nunca ha visto la civilización y le pide que diga qué es y para qué sirve el auto. Entonces, a este hombre lo único que se le ocurre es: «Se parece a una tortuga gigante que da luz y hace ruido». Sin embargo, ¡ese no es el propósito del auto!

Así mismo somos sin Cristo, no tenemos sentido ni propósito. Es más, la persona natural es como una bombilla sin electricidad, como un auto sin transmisión, un océano sin playas o un cielo sin estrellas.

Regresemos a Adán...

¿Qué cambios inmediatos y vitales experimentó Adán después de la caída? Veamos.

1. Perdió la verdadera percepción de la realidad.
2. Su concepto del conocimiento dejó de ser racional (trató de esconderse).
3. Adán y Eva sufrieron una distorsión de conceptos con relación a Dios y a sí mismos: «A causa de la ignorancia que los domina y por la dureza de su corazón, estos tienen oscurecido el entendimiento y están alejados de la vida que proviene de Dios» (Efesios 4:18).
4. Se les terminó la sabiduría... la sabiduría es ver la vida desde la perspectiva de Dios: «El hombre natural no percibe las cosas que son del Espíritu de Dios, porque para él son locura, y no las puede entender, porque se han de discernir espiritualmente» (1 Corintios 2:14, RVR60).

Dios quería restablecer el orden, y por eso vino Cristo, el «Logos» de Dios. Cualquier persona que entendiera la cultura griega se debió haber quedado asombrado cuando Juan escribió:

Y aquel Verbo [Logos] fue hecho carne. (Juan 1:14, RVR60)

Para los griegos, *logos* representa la *suprema forma de conocimiento*. Afirmar que el Verbo fue hecho carne quería decir que el conocimiento o sabiduría había tomado forma humana.

Volvamos al Edén...

¿Lo perdido en el Edén se puede recuperar en Cristo? ¡Claro que sí! Cristo quiere hacernos volver, pues somos vulnerables, pero el temor a Dios genera el principio de la sabiduría. ¿Por qué? Porque el hombre es sabio cuando tiene a Dios.

La gente en el mundo se paraliza por el *miedo* a todo, *menos ante el temor que se le debe tener a Dios.* El mundo provoca trastornos relacionados con la ansiedad, y esta es la causa número uno de los problemas mentales de la humanidad.

En la era actual, el mundo experimenta una epidemia de tristeza y de ansiedad, más que física. En Estados Unidos, por ejemplo, desde 1985 se han duplicado todo tipo de enfermedades relacionadas con la mente. Mientras que en el mundo entero hay unos veintiún millones de esquizofrénicos, solo en Estados Unidos hay alrededor de tres millones. Ante esto, debes tomar decisiones urgentes. De lo contrario, serás un número más en las estadísticas...

El pecado afecta la capacidad de tomar decisiones adecuadas. Por eso tenemos que adelantarnos al problema... Aparte del Espíritu Santo, el poder más grande que tenemos es el poder de escoger.

Porque cuando nuestra naturaleza pecaminosa aún nos dominaba, las malas pasiones que la ley nos despertaba actuaban en los miembros de nuestro cuerpo, y dábamos fruto para muerte. Pero ahora, al morir a lo que nos tenía subyugados, hemos quedado libres de la ley, a fin de servir a Dios con el nuevo poder que nos da el Espíritu. (Romanos 7:5-6)

Si le decimos a un niño que puede ir a cualquier lugar con excepción de uno en particular, ¿a dónde crees que deseará ir?

La imagen rota se puede restaurar... y la vulnerabilidad se puede controlar

A finales del siglo diecinueve, mientras recorría los campamentos en la frontera oeste de Estados Unidos, un predicador encontró a un niño griego huérfano que abandonaron unos asaltantes.

El niño, llamado Peter, resultó ser *incorregible*. El predicador no podía tenerlo y hacer su trabajo. Así que habló con una noble familia de apellido Smith, por si querían adoptar al niño. Aceptaron, aunque esta familia ya tenía también un niño llamado Sammy. Los niños se hicieron grandes amigos y crecieron juntos como hermanos.

Un día, les advirtieron a los niños que *no* se acercaran al pantano que estaba cerca de la casa, pues estaba contaminado. Sammy no hizo caso y saltó un alambre de púas para llegar hasta el charco. Como resultado, se arañó y se infectó con el agua contaminada. De inmediato, lo pusieron en cuarentena... ¡La vida de Sammy pendía de un hilo! Una tarde, Peter entró en la habitación y, al abrazar a su amigo, contrajo la bacteria. Peter se sanó, pero Sammy murió...

Varios años después, el predicador pasó cerca de la casa de los Smith y decidió llegar para saludarles.

«¿Qué fue de aquel muchachito incorregible que les dejé hace algunos años?», les preguntó. El señor Smith abrazó a un joven que tenía a su lado y respondió: «Este es aquel muchacho».

El mismo acto de gracia ocurrió con nosotros. Así lo describe el apóstol Pedro con estas palabras:

Ustedes antes ni siquiera eran pueblo, pero ahora son pueblo de Dios; antes no habían recibido misericordia, pero ahora ya la han recibido. (1 Pedro 2:10)

¿Qué debió sentir el niño Peter cuando lo abandonaron en la frontera? Lo mismo que Adán y Eva experimentaron después de la caída... Lo mismo que tú y yo sufrimos cuando no teníamos a Cristo... ¡Nos quedamos a merced de nuestra fragilidad! La gloria del Edén quedó destrozada. Lo mismo sucedió con la autoimagen de Adán... Los efectos de la caída fueron dramáticos, instantáneos y de consecuencias casi ilimitadas. Sin embargo, Dios estaba construyendo un puente mientras los querubines guardaban el Edén...

Tú y yo somos muy vulnerables, ¡pero hay un puente!

CAPÍTULO 16

CUANDO SE APRIETA EL GATILLO

—

Ante esta declaración, debemos preguntarnos: «¿Qué sucederá cuando se apriete el gatillo? La Biblia es clara al dar la respuesta a preguntas como esta:

> *Ahora bien, hermanos, ustedes no necesitan que se les escriba acerca de tiempos y fechas, porque ya saben que el día del Señor llegará como ladrón en la noche. Cuando estén diciendo: «Paz y seguridad», vendrá de improviso sobre ellos la destrucción, como le llegan a la mujer encinta los dolores de parto. De ninguna manera podrán escapar.* (1 Tesalonicenses 5:1-3)

Ahora bien, vayamos hacia atrás y veamos algunas cosas importantes.

Noé y nosotros

Sin duda, hay una gran conexión entre Noé y nosotros. Para este análisis, debemos recordar todo lo que sucedió después del diluvio.

Esa primera civilización tenía un solo idioma y una tendencia nómada, pues no tenían un lugar fijo donde habitar. Al final, se establecieron en una llanura llamada Sinar, y allí se quedaron (Génesis 11:2). Sinar, hoy Irak, era el lugar histórico de la infame Babilonia. Aquí se destacó un gran hombre de guerra:

Nimrod, conocido como el primer gran guerrero de la tierra, quien llegó a ser un valiente cazador ante el Señor. Por eso se dice: «Como Nimrod, valiente cazador ante el Señor». Las principales ciudades de su reino fueron Babel, Érec, Acad y Calné, en la región de Sinar. (Génesis 10:8-10)

Además, Nimrod perteneció a la primera dinastía mesopotámica establecida después del diluvio. El propósito de Nimrod era crear un reino de paz universal con sus propias fuerzas. Entre otras cosas, podemos destacar lo siguiente:

1. Nimrod usó su poder para reunir a todos los pueblos existentes en su época. Luego, los juntó para construir una poderosa sociedad. Entonces, el pueblo se dijo: «Construyamos una ciudad con una torre que llegue hasta el cielo. De ese modo nos haremos famosos y evitaremos ser dispersados por toda la tierra» (Génesis 11:4).

2. En otras palabras, el rey Nimrod pensó: «¿Para qué arriesgarse a posibles guerras tribales? Con un solo reino aseguraremos la paz universal. ¿Para qué crear puntos divergentes? Con un solo reino tendremos una sola ética, una sola economía y una sola religión. Con un reino único habrá una sola lengua y una sola economía universal». (Al parecer, están regresando ideas como estas).

3. Todo parecía muy bueno. Sin embargo, esto constituía un acto de desobediencia a Dios, pues Él «de un solo hombre hizo todas las naciones para que habitaran toda la tierra; y determinó los períodos de su historia y las

fronteras de sus territorios» (Hechos 17:26). A la combinación etnológica del universo se le ha llamado el mosaico de la humanidad donde cada pieza añade su propio color, textura y forma un todo.

La intención de Dios y la de los hombres

La intención de Dios era que los pueblos se dispersaran sobre la tierra. De ahí que le dijera a Noé:

> *Dios bendijo a Noé y a sus hijos con estas palabras: «Sean fecundos, multiplíquense y llenen la tierra.* (Génesis 9:1)

En cambio, el plan de Nimrod lo motivaba el orgullo y la rebeldía. Te pregunto: «¿No es hoy igual?». Charles H. Mackintosh, exégeta bíblico, señala que la motivación que condujo a los descendientes de Noé fue la de tener la seguridad de controlar sus circunstancias y la importancia de crear una ciudad y una torre que los inmortalizara. Por supuesto, en el corazón de estos hombres siempre había la búsqueda de un nombre, de una parte, de un centro en la tierra. Pasaban por alto las aspiraciones del cielo, de ahí que construyeran por debajo de las estrellas. Te pregunto de nuevo: «¿No es hoy igual?».

De la misma manera que Satanás, los hombres del nuevo orden mundial están embriagados de orgullo y desafían a Dios. Lo cierto es que una ciudad y una torre no eran una amenaza para Él, el nuevo orden mundial es otra cosa. Dios no permitió que los hombres posteriores a Noé echaran a perder sus planes eternos. Así que se dijo:

> «*Todos forman un solo pueblo y hablan un solo idioma; esto es solo el comienzo de sus obras, y todo lo que se propongan lo podrán lograr. Será mejor que bajemos a confundir su idioma, para que ya no se entiendan entre ellos mismos*».

De esta manera el Señor los dispersó desde allí por toda la tierra, y por lo tanto dejaron de construir la ciudad. Por eso a la ciudad se le llamó Babel, porque fue allí donde el Señor confundió el idioma de toda la gente de la tierra, y de donde los dispersó por todo el mundo. (Génesis 11:6-9)

Han pasado alrededor de 6 500 años, y hoy los hombres modernos luchan otra vez por levantar una nueva ciudad y una nueva torre llamada el Nuevo Orden Mundial.

El Nuevo Orden Mundial

Como es lógico, este nuevo orden de la sociedad actual significa un gran avance hacia la cima de la vulnerabilidad. Veamos algunos aspectos significativos:

1. Al celebrar el «final» de la guerra del Golfo, el entonces presidente George Bush padre, se dirige al Congreso de Estados Unidos y dijo, entre otras cosas, lo siguiente:

    Hasta ahora, el mundo que hemos conocido ha sido un mundo dividido, un mundo de alambre de espino y bloques de cemento, de conflicto y guerra fría. Ahora, un nuevo mundo se abre ante nosotros. Un mundo en el que existe una perspectiva muy real de un nuevo orden mundial. Como dijo Winston Churchill, un orden mundial en el que los principios de justicia y juego limpio protejan al débil del fuerte. Un mundo en el que las Naciones Unidas, sin la carga de una guerra fría en sordina, tomen posición para hacer realidad la visión histórica de sus fundadores. Un mundo en el que la libertad y el respeto por los derechos humanos encuentren un hogar en todas las naciones[1].

2. En noviembre del 2008, Henry Kissinger, ganador del Premio Nobel de la Paz, exsecretario de estado y asistente

del presidente para la seguridad nacional, escribió que ahora los pies de barro del sistema económico quedaron expuestos y que el año 2009 marcará el comienzo de un nuevo orden mundial.

3. Cuando el presidente Barack Obama fue a Europa en abril de 2009 a la cumbre del G20 en Londres, pareció presentarse ante los medios de comunicación como el presidente del mundo.

4. Al anunciar la elección de Obama, el periódico árabe en Túnez decía que Estados Unidos eligió al «Presidente del Mundo». De igual manera lo presentó Michael Fillilove, experto en política exterior australiana, cuando presentó a Obama como el «presidente del mundo».

A mi manera de ver, ya se levantó la nueva torre y se llama la ONU. Al igual que Babel, la ONU ha demostrado el fracaso de los intentos de la humanidad por lograr la paz. Mientras el hombre caído gobierne la tierra, dice la Biblia que «oirán de guerras y de rumores de guerra» (Mateo 24:6).

Estamos almacenando piedras y cociendo ladrillos para construir la nueva ciudad. Entonces, cuando lo logremos, vendrá el Príncipe de Paz para derribar nuestras edificaciones humanas.

El anticristo

En la teología y escatología cristianas, el anticristo es esa figura diabólica que cumplirá las profecías bíblicas concernientes al antagonista de Cristo. Su manifestación será para el fin de los tiempos, y a su aparición le antecederá la acción de apóstatas que renegarán del cristianismo. Sin embargo, su fin llegará de manera ineludible y terrible:

El diablo, que los había engañado, será arrojado al lago de fuego y azufre, donde también habrán sido arrojados la bestia y el falso profeta. Allí serán atormentados día y noche por los siglos de los siglos. (Apocalipsis 20:10)

En la escena final del drama de la humanidad, los históricos personajes se enfrentarán... Estos son la trinidad diabólica: Satanás, el anticristo y el falso profeta.

En distintas épocas se ha identificado a personas históricas como el anticristo. Por ejemplo, Mahoma, ciertas instituciones de Roma, etc.

El anticristo, según la Biblia, es la cima de la *apostasía humana* contra Dios y ese personaje hará su aparición al final en la presente dispensación.

Cierto es que el anticristo ha estado presente desde hace siglos... pero al final culminará en la personificación de un hombre. En el libro de Daniel se le llama rey:

> *El rey [el anticristo] hará lo que mejor le parezca. Se exaltará a sí mismo, se creerá superior a todos los dioses, y dirá cosas del Dios de dioses que nadie antes se atrevió a decir. Su éxito durará mientras la ira de Dios no llegue a su colmo, aunque lo que ha de suceder sucederá. Ese rey no tomará en cuenta a los dioses de sus antepasados, ni al dios que adoran las mujeres, ni a ningún otro dios, sino que se exaltará a sí mismo por encima de todos ellos. En su lugar, adorará al dios de las fortalezas; honrará a un dios que sus antepasados no conocieron, y le presentará costosas ofrendas de oro, plata y piedras preciosas. Con la ayuda de un dios extraño atacará las fortalezas más poderosas, y rendirá grandes honores a aquellos que lo reconozcan, pues en recompensa los pondrá como gobernadores de grandes multitudes y les dará tierras. (Daniel 11:36-39)*

Este rey se exaltará a sí mismo por encima de todos... Tal y como dice este pasaje de Daniel, con la ayuda de un dios extraño reinará y dará grandes honores a quienes lo reconozcan... El profeta Zacarías lo describe como un *pastor insensato* e inútil.

> *El Señor me dijo entonces: «Vístete ahora como uno de esos pastores insensatos, porque voy a poner sobre el país a un*

pastor que no se preocupará por las ovejas moribundas, ni buscará a las ovejas pequeñas, ni curará a las ovejas heridas ni dará de comer a las ovejas sanas, sino que devorará a las más gordas y les arrancará las pezuñas».

¡Ay del pastor inútil que abandona su rebaño! ¡Que la espada le hiera el brazo, y el puñal le saque el ojo derecho! ¡Que del brazo quede tullido, y del ojo derecho, ciego! (Zacarías 11:15-17)

El término *anticristo* solo lo usa Juan, aunque aparece en otros pasajes de la Biblia con otros nombres. Es un usurpador por desear tomar el nombre y las prerrogativas de Cristo.

Queridos hijos, esta es la hora final, y así como ustedes oyeron que el anticristo vendría, muchos son los anticristos que han surgido ya. Por eso nos damos cuenta de que esta es la hora final. (1 Juan 2:18)

El apóstol Pablo describe al anticristo como el hombre de maldad o el hombre de pecado.

No se dejen engañar de ninguna manera, porque primero tiene que llegar la rebelión contra Dios y manifestarse el hombre de maldad, el destructor por naturaleza. Este se opone y se levanta contra todo lo que lleva el nombre de Dios o es objeto de adoración, hasta el punto de adueñarse del templo de Dios y pretender ser Dios.

¿No recuerdan que ya les hablaba de esto cuando estaba con ustedes? Bien saben que hay algo que detiene a este hombre, a fin de que él se manifieste a su debido tiempo. Es cierto que el misterio de la maldad ya está ejerciendo su poder; pero falta que sea quitado de en medio el que ahora lo detiene. Entonces se manifestará aquel malvado, a quien el Señor Jesús derrocará con el soplo de su boca y destruirá con el esplendor de su venida. El malvado vendrá, por obra de Satanás, con toda clase de milagros, señales y prodigios falsos. Con toda

perversidad engañará a los que se pierden por haberse negado a amar la verdad y así ser salvos. (2 Tesalonicenses 2:3-10)

¿Cómo lo recibirán muchísimos judíos? Los judíos apóstatas lo recibirán como el «Mesías».

Yo he venido en nombre de mi Padre, y ustedes no me aceptan; pero, si otro viniera por su propia cuenta, a ese sí lo aceptarían. (Juan 5:43)

Ahora, observa lo que dice el apóstol Juan en el libro de Apocalipsis:

Después vi que de la tierra subía otra bestia. Tenía dos cuernos como de cordero, pero hablaba como dragón. Ejercía toda la autoridad de la primera bestia en presencia de ella, y hacía que la tierra y sus habitantes adoraran a la primera bestia, cuya herida mortal había sido sanada. También hacía grandes señales milagrosas, incluso la de hacer caer fuego del cielo a la tierra, a la vista de todos. Con estas señales que se le permitió hacer en presencia de la primera bestia, engañó a los habitantes de la tierra. Les ordenó que hicieran una imagen en honor de la bestia que, después de ser herida a espada, revivió. Se le permitió infundir vida a la imagen de la primera bestia, para que hablara y mandara matar a quienes no adoraran la imagen. Además logró que a todos, grandes y pequeños, ricos y pobres, libres y esclavos, se les pusiera una marca en la mano derecha o en la frente, de modo que nadie pudiera comprar ni vender, a menos que llevara la marca, que es el nombre de la bestia o el número de ese nombre.

En esto consiste la sabiduría: el que tenga entendimiento, calcule el número de la bestia, pues es número de un ser humano: seiscientos sesenta y seis. (Apocalipsis 13:11-18)

Entonces, ¿cuál será el final del anticristo y de su gente? Su final será el lago de fuego a la venida del Señor Jesús.

Pero la bestia fue capturada junto con el falso profeta. Este es el que hacía señales milagrosas en presencia de ella, con las cuales engañaba a los que habían recibido la marca de la bestia y adoraban su imagen. Los dos fueron arrojados vivos al lago de fuego y azufre. Los demás fueron exterminados por la espada que salía de la boca del que montaba a caballo, y todas las aves se hartaron de la carne de ellos. (Apocalipsis 19:20-21)

El final se acerca. El anticristo será el último azote a un mundo quebrantado que decidió darle la espalda a Dios, y con él caerán todos los que rechacen el sacrificio de Cristo en la cruz. ¿Serás tú uno de ellos?

Las últimas lágrimas

Bajando el monte de los Olivos se puede ver a la distancia la ciudad de Jerusalén. Cuando se dirigía al templo para su entrada triunfal, Jesús se detuvo y lloró en un recodo del camino al mirar hacia la ciudad.

Cuando se acercaba a Jerusalén, Jesús vio la ciudad y lloró por ella. (Lucas 19:41)

¿Por qué lloró el Señor? Debemos recordar que como los judíos se habían involucrado en maniobras e intrigas, por eso sus lágrimas contenían una profecía:

¡Jerusalén, Jerusalén, que matas a los profetas y apedreas a los que se te envían! ¡Cuántas veces quise reunir a tus hijos, como reúne la gallina a sus pollitos debajo de sus alas, pero no quisiste! (Mateo 23:37)

En efecto, las fuerzas del emperador romano Tito cayeron sobre Jerusalén en el año 70 d. C. Fue tan horrible el desastre que, según los historiadores, un arado podía pasearse de un extremo a otro de la ciudad. Si hubieran renunciado a sus sueños de grandeza y hubieran aceptado el yugo de Jesús, pues su *yugo* era *fácil* y *ligera* su *carga*, no les hubiera llegado esa desgracia nacional. Las lágrimas de Jesús reflejaron el innecesario sufrimiento de los hombres. Sin embargo, cuando nos rebelamos contra la voluntad de Dios, vendrá algo muy horrible. A pesar de que Jesús nos mostró con su ejemplo a hacer la voluntad de Dios (lee Mateo 6:10; Lucas 22:42), nosotros no lo imitamos como debemos. ¡Cuántas lágrimas nos habríamos evitado si hubiéramos hecho la voluntad de Dios y no la nuestra!

En cierta ocasión, una madre que acababa de perder a su hijo le dijo al famoso filósofo chino Confucio: «Maestro, consuele mi pena. ¡Ay, si vuestra sabiduría pudiera devolverme a mi hijo muerto!». A lo que contestó el filósofo: «Podría si solo me trajeras una hierbecilla del jardín de una familia que nunca haya llorado». Según se cuenta, la mujer anduvo de jardín en jardín y luego regresó diciéndole al maestro: «Maestro, en todas las familias he hallado lágrimas, ya estoy consolada».

El Señor, en cambio, nos asegura que algún día se acabarán las lágrimas.

Porque el Cordero que está en medio del trono los pastoreará, y los guiará a fuentes de aguas de vida; y Dios enjugará toda lágrima de los ojos de ellos. (Apocalipsis 7:17, RVR60)

Esa lágrima que todavía brilla en tus ojos, Dios la enjugará algún día.

Volviendo a nuestra historia, ¡por fin el Rey irrumpe en la ciudad! Arrojando a los vientos toda precaución, y como anuncio final y advertencia, Jesús enjugó sus lágrimas y entró a la ciudad en medio de aleluyas y hosannas... Sí, todos gritaron *hosanna* (salva ahora). Ese era el grito que acostumbraba a usar el pueblo para referirse a su rey (Salmo 118:25).

Doscientos años antes, los macabeos entraron en el templo de Jerusalén y lo limpiaron de la profanación que hizo allí Antíoco

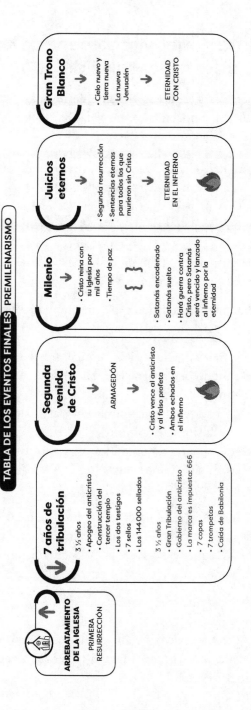

TABLA DE LOS EVENTOS FINALES PREMILENARISMO

ARREBATAMIENTO DE LA IGLESIA

PRIMERA RESURRECCIÓN

7 años de tribulación

3½ años
- Apogeo del anticristo
- Construcción del tercer templo
- Los dos testigos
- 7 sellos
- Los 144 000 sellados

3½ años
- Gran Tribulación
- Gobierno del anticristo
- La marca es impuesta: 666
- 7 copas
- 7 trompetas
- Caída de Babilonia

Segunda venida de Cristo

ARMAGEDÓN

- Cristo vence al anticristo y al falso profeta
- Ambos echados en el infierno

Milenio

- Cristo reina con su Iglesia por mil años
- Tiempo de paz

- Satanás encadenado
- Satanás suelto
- Hará guerra contra Cristo, pero Satanás será vencido y lanzado al infierno por la eternidad

Juicios eternos

- Segunda resurrección
- Sentencias eternas para todos los que murieron sin Cristo

ETERNIDAD EN EL INFIERNO

Gran Trono Blanco

- Cielo nuevo y tierra nueva
- La nueva Jerusalén

ETERNIDAD CON CRISTO

Declaraciones y recomendaciones transcendentales de Juan

En su primera carta, el apóstol Juan enfatiza temas tales como el amor, la luz, el conocimiento y la vida. Sin embargo, hay tres declaraciones que no debemos pasar por alto:

1. Capítulo 1: «Estas cosas os escribimos, para que vuestro gozo sea cumplido» (1:4, RVR60).
2. Capítulo 2: «Mis queridos hijos, les escribo estas cosas para que no pequen» (2:1; del griego: «vivir pecando»).
3. Capítulo 5: «Les escribo estas cosas a ustedes que creen en el nombre del Hijo de Dios, para que sepan que tienen vida eterna» (5:13).

Las recomendaciones de Juan son precisas y las vemos de esta manera:

1. «Si vivimos en la luz» (1:7), no hay suficiente oscuridad en el mundo que apague la débil luz de una velita.
2. Debemos andar como Él anduvo (2:6).
3. Como Cristo es puro, nos purificamos al andar con Él (3:3).
4. Como es justo, seremos justos si andamos en Él (3:7).
5. Debemos amarnos, como Él nos ha amado para dar evidencias de que somos suyos (4:7). Además, «el que no ama no conoce a Dios» (4:8).

Ahora bien, ¿qué es caminar en la luz? En 1 Juan 1:5-7 (RVR60) se nos revela su significado, mientras que en Efesios 5:13 (RVR60) encontramos su explicación: «La luz es lo que manifiesta todo». Por lo tanto, como cristianos, debemos:

1. Reconocer nuestros pecados.
2. Confesar.
3. Admitir nuestra condición pecaminosa y exponernos a la luz del Señor: «El que practica la verdad viene a la luz» (Juan 3:21, LBLA).

4. Andar como Jesús: «Debe andar como Él anduvo» (1 Juan 2:6, LBLA).
5. Seguirlo: «Les he puesto el ejemplo, para que hagan lo mismo que yo he hecho con ustedes» (Juan 13:15).
6. Vivir por Él: «Así manifestó Dios su amor entre nosotros: en que envió a su Hijo unigénito al mundo para que vivamos por medio de él» (1 Juan 4:9). No se trata de una vida que podamos vivir con nuestras propias fuerzas. Eso solo es posible en el poder del Espíritu Santo. ¿Por qué no podemos? Porque somos débiles, frágiles, ligeros, escasos, deficientes, torpes, incapaces... ¡y vulnerables! Permítele que Él viva su vida en ti.
7. Esperar en Él. La esperanza del regreso de Cristo tiene una influencia purificadora en la vida del creyente.
8. Buscar su justicia: «Busquen primeramente el reino de Dios y su justicia» (Mateo 6:33).
9. Recibir la justificación, pues por la gracia de Dios el cristiano es justificado (Romanos 5:1).
10. Saber que la justicia de Dios viene por medio de la fe en Jesucristo (Romanos 3:22).
11. Reconocer que el pecador solo puede ser justo por la gracia de Dios (Romanos 5:1).
12. Vivir por fe: «El justo vivirá por la fe» (Romanos 1:17). Esto no significa ser justo, sino que nos declaren o tengan por justos. En griego, este acto de justificación es *dikaiosis*, lo cual lo determina el verbo *dikaioo* que, ante todo, es ser considerado justo. Como nunca vamos a ser justos, por eso Dios nos declaró justos sin serlo: «Le creyó Abraham a Dios, y esto se le tomó en cuenta como justicia» (Romanos 4:3).

El verdadero origen del amor

El amor es de Dios. El verdadero amor no lo fabricó el hombre:

El que no ama no conoce a Dios, porque Dios es amor.
(1 Juan 4:8)

Solo puede amar el que nace de Dios y lo conoce. La diferencia entre el hijo de Dios y el hijo del diablo se pone de manifiesto por el amor:

> *Así distinguimos entre los hijos de Dios y los hijos del diablo: el que no practica la justicia no es hijo de Dios; ni tampoco lo es el que no ama a su hermano.* (1 Juan 3:10)

Por supuesto, creer y amar es un mandamiento de Dios, tal y como se refleja en este pasaje bíblico:

> *Y este es su mandamiento: Que creamos en el nombre de su Hijo Jesucristo, y nos amemos unos a otros como nos lo ha mandado.* (1 Juan 3:23)

Las huellas de Jesús las ve la gente a través de nosotros y esto a pesar de ser como somos. Así que debemos darle gracias a Dios en todo momento: «Te damos gracias, oh Dios, te damos gracias e invocamos tu nombre» (Salmo 75:1).

Violeta Parra, la cantante y poetiza chilena, escribió: «Gracias a la vida que me ha dado tanto». Nosotros diríamos mejor: «¡Gracias al Señor que nos ha amado tanto!». Lo cierto es que Violeta Parra se quitó la vida, disparándose un tiro en público.

La máxima paulina dice: «Sean agradecidos» (Colosenses 3:15). Cuando Robinson Crusoe se quedó abandonado en una isla solitaria, tomó la única hoja de papel que tenía y escribió:

> *Malo*
> *He sido arrojado a una horrible isla desierta, sin esperanza alguna de salvación.*
> *Al parecer, he sido aislado y separado de todo el mundo para llevar una vida miserable.*

Estoy separado de la humanidad, completamente aislado, desterrado de la sociedad humana.

No tengo ropa para cubrirme.

No tengo defensa alguna ni medios para resistir un ataque de hombre o bestia.

No tengo a nadie con quien hablar o que pueda consolarme.

Bueno

Pero estoy vivo y no me he ahogado como el resto de mis compañeros de viaje.

Pero también he sido eximido, entre todos los tripulantes del barco, de la muerte; y Él, que tan milagrosamente me salvó de la muerte, me puede liberar de esta condición.

Pero no estoy muriéndome de hambre ni pereciendo en una tierra estéril, sin sustento.

Pero estoy en un clima cálido donde, si tuviera ropa, apenas podría utilizarla.

Pero he sido arrojado a una isla en la que no veo animales feroces que puedan hacerme daño, como los que vi en la costa de África; ¿y si hubiese naufragado allí?

Pero Dios, envió milagrosamente el barco cerca de la costa para que pudiese rescatar las cosas necesarias para suplir mis carencias y abastecerme con lo que me haga falta por el resto de mi vida.

En conjunto, este era un testimonio indudable de que no podía haber en el mundo una situación más miserable que la mía. Sin embargo, para cada cosa negativa había algo positivo por lo que dar gracias. Y que esta experiencia, obtenida en la condición más desgraciada del mundo, sirva para demostrar que, aun en la desgracia, siempre encontraremos algún consuelo, que colocar en el cómputo del acreedor, cuando hagamos el balance de lo bueno y lo malo.

Habiendo recuperado un poco el ánimo respecto a mi con-
dición y renunciando a mirar hacia el mar en busca de algún
barco; digo que, dejando esto a un lado, comencé a ocuparme
de mejorar mi forma de vida, tratando de facilitarme las cosas
lo mejor que pudiera².

Prepárate en la contemplación de Dios

El famoso San Agustín dijo: «Ningún hombre tiene derecho a estar tan inmerso en la vida activa como para descuidar la contemplación de Dios»³.

El existencialismo, el secularismo y la muerte de Dios son solo teorías sobre teorías. Hay una página en la historia universal que se bautizó con el nombre de «Revolución de Copérnico»⁵. Cuando el astrónomo Nicolás Copérnico descubrió que la tierra no era el centro del sistema solar, se produjo un colapso en la ciencia, pues el tradicional sistema ptolemaico geocéntrico pasó al innovador sistema copernicano heliocéntrico. Todos decían: «¿Cómo es posible que el hombre y su mundo no sean el centro de todas las cosas?». Sí, la tierra gira alrededor del sol, ¿pero nosotros alrededor de quién giramos?

1. El hombre sabe que si el sol se extinguiera, se acabaría la vida en la tierra. Aun así, se niega a aceptar que sin Dios se acabaría toda esperanza para el género humano.
2. No estamos solos a menos que decidamos romper con Dios.

Un piadoso matrimonio judío tenía dos hijos. Un día, mientras el esposo estaba ausente, trajeron a su casa, ya muertos, a los dos jóvenes. Perecieron en un accidente. Cuando el esposo llegó, la esposa le hizo esta extraña pregunta:

—Esposo mío, si alguien te hubiera prestado dos valiosas joyas y hoy vinieran por ellas, ¿qué harías?

—Pues entrégaselas a su dueño —contestó el esposo.

—¿Pero y si nos hubiéramos encariñado mucho con ellas?

—De todos modos, debemos entregarlas y dar gracias.

Entonces, tomándole de la mano le llevó al cuarto donde estaban los dos cuerpos sin vida de sus hijos.

—Tenemos que devolver nuestras joyas —le dijo la mujer.

Dios es nuestro amparo y fortaleza, nuestro pronto auxilio en las tribulaciones. (Salmo 46:1, RVR60)

La tierra se arruina, pero Él sostiene sus columnas

Cuando hablamos de columnas, las relacionamos con un soporte vertical en un edificio que se apoya en el suelo. No obstante, desde el punto de vista poético, y refiriéndose a la obra de Dios, el salmista Asaf declara:

Cuando se estremece la tierra con todos sus habitantes, soy yo quien afirma sus columnas. (Salmo 75:3)

Si Dios es quien afirma las columnas, de seguro que Él es nuestra «roca y fortaleza»:

Sé tú mi roca de refugio adonde pueda yo siempre acudir; da la orden de salvarme, porque tú eres mi roca, mi fortaleza. (Salmo 71:3)

Por lo tanto, si el Señor nos ayuda con nuestras cargas, debemos tener presente lo siguiente:

1. La vida está llena de pesos fuertes que tenemos que llevar, pero Dios siempre nos ayuda a llevar las cargas más pesadas, razón más que suficiente para ser agradecidos.

   Porque no tenemos un sumo sacerdote que no pueda compadecerse de nuestras debilidades, sino uno que fue tentado en todo según nuestra semejanza, pero sin pecado.

Acerquémonos, pues, confiadamente al trono de la gracia, para alcanzar misericordia y hallar gracia para el oportuno socorro. (Hebreos 4:15-16)

2. Hasta a los ingratos Él les sigue prodigando amor. El pastor y teólogo luterano alemán Martín Niemöller, quien fuera prisionero en las cárceles nazis, escribió: «Me llevó algún tiempo aprender que Dios no era el enemigo de mis enemigos. Él ni siquiera es el enemigo de sus enemigos»[6].

3. Recordemos la escena de Jesús llorando sobre Jerusalén (Mateo 23:37). Recordémosle también en la cruz cuando el pueblo gritaba: «¡Crucifícale!», y Él respondía: «Padre, perdónalos, porque no saben lo que hacen» (Lucas 23:34). A esto es a lo que le llamo el amor más controvertido y extraño de la vida.

D.L. Moody escribió: «No dudo que Daniel habrá creído que su suerte era bastante dura. Poco se habrá imaginado, cuando fue puesto en la fosa de los leones, que habría de ser de gran bendición para todos los pueblos de la tierra. ¿Estás pasando por dificultades? No te desanimes. Eres heredero de la gloria, y Dios está contigo. El tiempo de nuestra redención se acerca»[7].

Nueva creación

La nueva creación o nueva criatura es un concepto que se encuentra en el Nuevo Testamento, sobre todo en los escritos del apóstol Pablo:

Por lo tanto, si alguno está en Cristo, es una nueva creación. ¡Lo viejo ha pasado, ha llegado ya lo nuevo! (2 Corintios 5:17)

Muchos dicen ser cristianos cuando no lo son en realidad. Si eres una nueva criatura, no te hará falta proclamarlo a los cuatro vientos. En su lugar, vívelo y muéstraselo al mundo con tus actos.

Un hombre abrió un establecimiento de venta de pescado y puso un rótulo en la puerta que decía: «AQUÍ SE VENDE PESCADO FRESCO».

Un amigo le hizo la indicación de que bien podía suprimir la palabra «aquí», pues estaba sobreentendido que si se vendía pescado era «aquí». El buen hombre siguió el consejo y eliminó el adverbio de lugar.

Otro llegó después que le hizo la observación de que sobraba el adjetivo «fresco», pues se debía dar por sentado que el pescado estaba fresco, de otra manera no habría razón para venderlo. El hombre aceptó también esta sugerencia y lo quitó.

Más tarde vino otro que le dijo que no había razón para indicar «se vende», pues si es un establecimiento abierto al público y hay pescado, está claro que es para venderlo. Y también lo eliminó.

Por último, llegó otro que le preguntó por qué anunciaba que allí había pescado. «¡Quítalo! ¡No hace falta! ¡Se huele a pescado desde dos cuadras más atrás!».

¿Huele la gente dónde hay cristianos?

No hace falta tantos títulos y rótulos, que la gente huela a Cristo en nuestras vidas, que sepan todos que somos cristianos[8].

El filósofo griego Platón dijo: «Una vida sin examen no merece la pena ser vivida»[9].

Mas a Dios gracias, el cual nos lleva siempre en triunfo en Cristo Jesús, y por medio de nosotros manifiesta en todo lugar el olor de su conocimiento. Porque para Dios somos grato olor de Cristo en los que se salvan, y en los que se pierden; a estos ciertamente olor de muerte para muerte, y a aquellos olor de vida para vida. Y para estas cosas, ¿quién es suficiente? (2 Corintios 2:14-16).

Debes examinarte con esta pregunta: «¿Tengo *olor* a cristiano?». Si tu respuesta es positiva, de seguro tienes *olor de vida para vida*, y todos lo sabrán solo con tu presencia.

Un día, un estudiante en la Universidad de Harvard, le pregunté al filósofo Josiah Royce: «¿Cuál es su definición de cristianismo?». El filósofo hizo una pausa, buscando cómo construir su respuesta, mientras Phillips Brooks pasaba casualmente frente a la ventana del estudio. «No sé cómo definir a un cristiano... pero espere, ¡allí va Phillips Brooks!» (Earl C. Davis)[10].

Los cristianos y el cristianismo

Se dice que hay dos clases de personas: Están quienes se comportan como termómetros, pues al igual que estos suben y bajan. En cambio, hay otros que su función es la de un termostato capaz de regular la temperatura del ambiente. Si somos cristianos, debemos hacerle honor a nuestro nombre.

Se dice que Alejandro Magno tenía en su ejército un soldado que también se llamaba como él. Sin embargo, este soldado no le hacía honor a su nombre. Un día, al encontrarlo dormido en su puesto de guardia, le dijo: «Soldado, o te cambias el nombre o cambias tu conducta»[11].

Un joven le contó a su pastor los problemas que tenía con personas que no le querían. Entonces, le preguntó: «¿Qué debo hacer?». La respuesta del pastor no se hizo esperar: «Quémalos con amor». La Palabra nos dice:

Si ustedes aman solamente a quienes los aman, ¿qué recompensa recibirán? (Mateo 5:46)

Ahora bien, ¿el cristianismo es una filosofía o un modo de vida? Veamos sus componentes y establezcamos las diferencias:

1. **Filosofía:** Estudio racional del pensamiento humano desde el doble punto de vista del conocimiento y de la razón. En otras palabras, es la búsqueda de la verdad mediante el pensamiento y la razón debido al amor a la sabiduría.

2. **Cristianismo:** Influye en los aspectos más importantes de la personalidad.

- Reacciones
- Vocabulario
- Enfoques
- Análisis
- Metas
- Intereses
- Estilo de vida
- Conciencia
- Pensamientos
- Vestuario
- Modelos de imitación
- Uso del tiempo
- Modo en que usemos nuestros recursos
- Reconocimiento de cuan frágiles somos y que grande es Dios
- Particularidades que afectan de manera positiva al ser humano para hacerle saltar por encima de la barrera de la vulnerabilidad

Muchas personas aceptan el cristianismo por diversas razones. Aquí tienes algunas:

- Tener un centro donde socializar
- No parecer incrédulo
- Alguna tragedia personal o familiar
- Educarse en un hogar cristiano o escuela religiosa
- Temores
- Creer en Dios
- Creer en la existencia del infierno

Sin embargo, nada de esto nos convierte en cristianos genuinos. Es más, quienes nos precedieron dejaron pautas a seguir y dejar atrás su vida anterior:

- Jesús llamó a Mateo, un recaudador de impuestos y él lo siguió (Lucas 5:27-32).
- Jesús vio a Zaqueo en lo alto de un árbol, y aunque era jefe de los publicanos que se consideraban «perfectos y ricos», su vida se transformó (Lucas 19:1-8).
- Pedro y su hermano Andrés, estaban pescando, Jesús los llamó y ellos abandonaron sus redes y lo siguieron (Mateo 4:18-20).

Aquí tienes la historia de un príncipe que nunca hizo profesión de fe en Cristo, pero se convirtió en un experto en curiosidades bíblicas. ¡El conocimiento no salva!

El príncipe de Granada, un heredero de la colonia española, fue sentenciado a una vida de aislamiento en una vieja prisión de Madrid llamada «El lugar de la carabela» [...] El príncipe recibió un libro para que lo leyese durante toda su vida: la Biblia [...]

Tras treinta y tres años de encarcelamiento, el príncipe murió. Cuando vinieron a limpiar su celda, encontraron algunas marcas que él había escrito utilizando clavos para marcar las blandas rocas de las paredes. Las notas eran de este tipo: el Salmo 118:8 es el versículo que está justo en medio de la Biblia; Esdras 7:21 contiene todas las letras excepto la letra j; el noveno versículo del capítulo 8 de Ester es el más largo de la Biblia; el Salmo 117, el más pequeño de la Biblia; en la Biblia no hay ninguna palabra o nombre de más de seis sílabas [...] De todo lo que sabemos, nunca hizo ningún compromiso religioso o espiritual a Cristo, pero se convirtió en un experto de trivialidades bíblicas[12].

De la vida a la vida

Ahora, analicemos el siguiente pasaje donde Jesús aclara quién es Él en realidad y quiénes son los que le escuchaban.

¿Quién de ustedes me puede probar que soy culpable de peca-do? Si digo la verdad, ¿por qué no me creen? El que es de Dios escucha lo que Dios dice. Pero ustedes no escuchan, porque no son de Dios.

—¿No tenemos razón al decir que eres un samaritano, y que estás endemoniado? —replicaron los judíos.

—No estoy poseído por ningún demonio —contestó Je-sús—. Tan solo honro a mi Padre; pero ustedes me deshonran a mí. Yo no busco mi propia gloria; pero hay uno que la bus-ca, y él es el juez. Ciertamente les aseguro que el que cumple mi palabra nunca morirá. (Juan 8:46-51)

Jesús les preguntó a los judíos: «¿Quién de ustedes me puede probar que soy culpable de pecado?» (v. 46). ¡Él fue el único invulnerable!

Es de imaginar que después de esa pregunta tan directa se produjera un largo silencio. Quizá el Señor recorriera con su mirada a la multitud y esperara que alguien dijera algo. Luego, Jesús volvió a hablar: «El que es de Dios escucha lo que Dios dice» (v. 47).

¿Te das cuenta? ¡Tal vez ocurriera otro silencio molesto después que Jesús dijo que no escuchaban por no ser de Dios! (v. 47).

Cuando Jesús les dijo que eran extraños ante Dios, los judíos reaccionaron como si les hubiera clavado un aguijón. Así que lanzaron insultos contra Jesús.

¿Cuál fue la gran acusación que los judíos profirieron contra Je-sús? Lo acusaron de blasfemo, samaritano y loco. Al llamarle sama-ritano, querían decirle que era su enemigo y que, por lo tanto, era un incumplidor de la ley, hereje, mestizo y que estaba endemonia-do. Sin duda alguna, le volvería a ocurrir si volviera a este mundo.

Entonces, Jesús hace otra declaración: «Ciertamente les ase-guro que el que cumple mi palabra nunca morirá» (v. 51).

Esto escandalizó más a los judíos, Abraham estaba muerto y los profetas también. ¿Y acaso no consideraban que habían guardado en su momento y en su generación la Palabra de Dios? El problema estaba en que tomaban las palabras de Jesús de forma literal. Lo que Jesús trataba de decirles es que la muerte había perdido su carácter y destino final. La persona que acepta a Jesús no pasa de la vida a la muerte, sino de la vida a la vida.

Hay tres razones de por qué la muerte tuvo un cambio de apreciación después de Jesús:

1. La enseñanza de Jesús sobre el asunto: La hija de Jairo (Marcos 5:21-43, RVR60).
2. La resurrección de Lázaro y la suya propia (Juan 11:17-44; 20:1-9).
3. La relación con Dios después del triunfo del crucificado (Marcos 5:39; Juan 20:27-28).

Dice una leyenda que un anciano, cansado de tanto trabajar y llevando en sus hombros un pesado haz de leña, se sintió tan molesto que tiró la leña al suelo y gritó en voz alta: «¡Estoy harto! Quiero que venga la muerte y me lleve». Para su sorpresa, la muerte llegó y le dijo: «¿Me llamaste?». El anciano se levantó presuroso y le dijo: «Sí, te llamé para que me ayudaras a llevar la leña». El más alto riesgo de la vulnerabilidad es la muerte eterna, pero hay un remedio: ¡Jesús!

«Yo conozco tus obras»

Durante su exilio, el apóstol Juan estaba en Patmos, isla volcánica y árida en el mar Egeo, cuando recibió una revelación del Señor con un mensaje para las siete iglesias en la provincia de Asia. Sin embargo, la iglesia de Laodicea recibió un mensaje muy importante para que recapacitara:

> *Escribe al ángel de la iglesia en Laodicea: He aquí el Amén, el testigo fiel y verdadero, el principio de la creación de Dios, dice esto:*

Yo conozco tus obras, que ni eres frío ni caliente. ¡Ojalá fueses frío o caliente! Pero por cuanto eres tibio, y no frío ni caliente, te vomitaré de mi boca. Porque tú dices: Yo soy rico, y me he enriquecido, y de ninguna cosa tengo necesidad; y no sabes que tú eres un desventurado, miserable, pobre, ciego y desnudo. Por tanto, yo te aconsejo que de mí compres oro refinado en fuego, para que seas rico, y vestiduras blancas para vestirte, y que no se descubra la vergüenza de tu desnudez; y unge tus ojos con colirio, para que veas. Yo reprendo y castigo a todos los que amo; sé, pues, celoso, y arrepiéntete. He aquí, yo estoy a la puerta y llamo; si alguno oye mi voz y abre la puerta, entraré a él, y cenaré con él, y él conmigo. Al que venciere, le daré que se siente conmigo en mi trono, así como yo he vencido, y me he sentado con mi Padre en su trono. El que tiene oído, oiga lo que el Espíritu dice a las iglesias. (Apocalipsis 3:14-22, RVR60)

La iglesia de Laodicea era como el hombre de la canoa que, al perder un remo en la corriente, oraba de esta manera: «Buen Dios, ayúdame... Buen diablo, ayúdame tú también». Laodicea era una iglesia tibia... ¡Qué vulnerables eran!

Los tibios son inseguros, pusilánimes e inconstantes. En la escala de los tipos de caracteres son los peores. Esa es la vil condición que algún ser humano pueda tener (v. 15).

Laodicea, antes conocida como *Dióspolis* y *Roas*, es una ciudad del antiguo Imperio seléucida que estableció el rey Antíoco II Theos y que la nombró en honor de su esposa llamada Laodice.

En Laodicea se fabricaban tejidos con una lana negra procedente de unos carneros criados en esos parajes. Allí había una escuela médica donde se preparaba el célebre polvo frigio que usaban los oculistas para diversos tratamientos.

Es probable que el pastor de Laodicea fuera Epafras (Colosenses 4:12-13). Incluso, el apóstol Pablo llevó un intenso combate espiritual a favor de los de Laodicea (Colosenses 2:1).

En el año 60 d.C., la ciudad de Laodicea quedó destruida debido a un terremoto, pero sus habitantes la reconstruyeron sin ayuda de los romanos.

Ahora bien, ¿qué quiere decir el Señor cuando le dice a la iglesia que los escupirá de su boca? Esta condición repugna al Señor.

> *Yo sé todo lo que haces, que no eres ni frío ni caliente. ¡Cómo quisiera que fueras lo uno o lo otro!; pero ya que eres tibio, ni frío ni caliente, ¡te escupiré de mi boca!* (Apocalipsis 3:15-16, NTV)

Por otra parte, los miembros de esta iglesia pensaban que eran ricos y que no necesitaban nada. Sin embargo, Dios los veía desventurados, miserables, pobres, ciegos y desnudos.

Cuando un hombre es frío, hay esperanza. Cuando es caliente de espíritu, tiene muchas esperanzas. En cambio, cuando es tibio, sus esperanzas son pocas. Es más, las personas *supervulnerables* son tibias.

La ventaja de los fríos es que llega el momento en que sienten la necesidad del calor. Por ejemplo:

- Es preferible un Saulo de Tarso «respirando amenazas de muerte», que un tibio vendiendo su primogenitura.
- En Europa, y también en Estados Unidos, hay iglesias inmensamente grandes, pero desprovistas de dones espirituales y riquezas de Dios.
- En la iglesia de Laodicea no había lugar para Cristo.

El llamado del Señor desde fuera era para ofrecerles el «colirio» que necesitaban sus ojos enfermos. Además, les pedía que de Él compraran el oro espiritual del que estaban desprovistos y que se vistieran con vestiduras blancas a fin de cubrir la vergüenza de su desnudez, ética y espiritualidad.

Hoy se ha revivido el criterio de los laodicenses, pues la gente cree que si la Biblia y las doctrinas nos separan de otros grupos religiosos, debemos prescindir de estas. Por eso, el Señor los aconseja (v. 19), de modo que cambien de actitud.

Los mensajes de las siete iglesias

Si comparamos las obras de las siete iglesias de la provincia de Asia, llegamos a esta conclusión.

- Éfeso: Tenía doctrina sana, pero le faltaba amor.
- Esmirna: Era pobre, pero rica.
- Pérgamo: Era fiel, pero carente de disciplina.
- Tiatira: Sus obras finales eran mejores que las primeras.
- Sardis: Estaba desprovista de obras.
- Filadelfia: Ardía en fervor.
- Laodicea: No era fría, ni caliente; rica, pero pobre.

Entonces, ¿qué descubrimos en el mensaje a las siete iglesias?

- El Señor llama a una vida de lucha y victoria.
- Hay promesas para los vencedores: «Miren, ¡yo vengo pronto! Benditos son los que obedecen las palabras de la profecía que están escritas en este libro» (Apocalipsis 22:7, NTV).
- Todas las iglesias se parecen en algo a ellas. ¿A cuál nos parecemos nosotros? La Cabeza es perfecta, pero el cuerpo es vulnerable.
- Los llamados del Señor al arrepentimiento se ajustan a la actualidad también.
- El Señor está en medio de nuestras iglesias y sus ojos lo escudriñan todo.
- Mientras las iglesias existan hay esperanzas.
- ¿Somos conscientes de lo que significa ser parte del cuerpo de Cristo?
- Dios busca adoradores, de ahí que la evangelización sea urgente, pues cada persona que ganamos se convertirá en adoradora: «Mas la hora viene, y ahora es, cuando los verdaderos adoradores adorarán al Padre en espíritu y en verdad; porque también el Padre tales adoradores busca que le adoren» (Juan 4:23, RVR60).

Filadelfia, una iglesia sin nada digno de reprensión

En Apocalipsis 3:7-13 encontramos el mensaje del Señor para la iglesia de Filadelfia. Como resultado de su fidelidad:

- Se le abrió una puerta que nadie podría cerrar.
- Les guardarían de la hora de prueba que vendría sobre el mundo entero.
- Los harían columnas.

Filadelfia, ciudad de Lidia en el Asia Menor, se encontraba a unos cuarenta kilómetros al sudeste de Sardis. Su fundador fue Átalo II «Filadelfo» (159-138 a. C.). A este rey se le llamó así por su amor hacia su hermano Eumenes. La ciudad quedó casi destruida debido a un terremoto durante el reinado de Tiberio.

Solo las iglesias de Filadelfia y de Esmirna, entre las siete, reciben alabanzas puras. Al iniciar su mensaje sobre la iglesia de Filadelfia, el Señor le dice a Juan:

> *Esto dice el Santo, el Verdadero, el que tiene la llave de David, el que abre y nadie puede cerrar, el que cierra y nadie puede abrir.* (Apocalipsis 3:7)

Por lo tanto, como Él es quien «cierra y nadie puede abrir»...

- El dirá a quién se admitirá y a quién se rechazará.
- Él tiene las llaves del cielo y las del infierno.
- El supremo poder le pertenece a Cristo.

Pedro recibió las llaves para abrirles las puertas a los gentiles (Hechos 11:17-18; 14:27).

> *¡Así que también a los gentiles les ha concedido Dios el arrepentimiento para vida!* (11:18)

Ahora, las llaves del reino las tiene la Iglesia. Ahora las llaves del reino, el don precioso dado por Dios para la evangelización del mundo, es una puerta que ni el comunismo, el totalitarismo, los musulmanes ni nadie podrán cerrar. La pequeñez de la potencia de la iglesia de Filadelfia viene a ser la fuente del poder del Todopoderoso derramada sobre ellos.

- Esa iglesia era un rebaño pobre en número y recursos materiales; tenía poca importancia a los ojos de los hombres, pero era rica ante los ojos de Dios.
- Las iglesias determinan el destino propio y el destino de los pueblos.
- La sinagoga judía era un problema para la iglesia de Filadelfia, pero no prevalecería (3:9).
- ¿Eres consciente que tú, como parte de la iglesia, construyes el destino final de esta civilización? Las iglesias no son perfectas debido a que son vulnerables, pero es lo más importante que tiene el planeta tierra.

La promesa para la iglesia de Filadelfia continúa en el capítulo 3 de Apocalipsis: «Por cuanto has guardado la palabra de mi paciencia, yo también te guardaré de la hora de la prueba» (v. 10).

- La gran hora de la prueba será la Gran Tribulación.
- Toda la humanidad, salvo los fieles, no se librará de esa hora terrible (Apocalipsis 13:8, 10).
- Puesto que el Señor viene pronto, se le dice a la iglesia que debe retener lo que tiene, a fin de que nadie tome su corona (v. 11).

La ciudad será todo un gran templo, y los santos serán las piedras y las columnas de esa extraordinaria ciudad (v. 12). ¿Seremos nosotros piedras o columnas del Dios viviente en la nueva Jerusalén? ¡Allí no habrá vulnerables!

«Juntos y de acuerdo»

La dirección de tus conceptos determinará el curso de tu vida. Analiza cómo lo dicen estos dos pasajes bíblicos:

> *Mejores son dos que uno; porque tienen mejor paga de su trabajo. Porque si cayeren, el uno levantará a su compañero; pero ¡ay del solo! que cuando cayere, no habrá segundo que lo levante.* (Eclesiastés 4:9-10, RVR60)

> *¿Andarán dos juntos, si no estuvieren de acuerdo?* (Amós 3:3)

Sin duda, esto no lo tuvieron en cuenta los maquinistas en el gran desastre ferroviario más trágico de Italia.

> *Mientras el tren 8017 cruzaba Salerno, Italia, el 2 de marzo de 1944, no daba señales del desastre que se aproximaba. Esa tarde el veloz tren no chocó, no se descarriló, no se incendió. El tren llevaba 600 pasajeros. Cuando la locomotora pasaba un túnel en la vía férrea, las ruedas comenzaron a patinar. Todo lo que sigue es pura especulación. Los dos maquinistas perdieron la vida y 500 personas más a causa de la inhalación de monóxido de carbono.*
>
> *Cuando los investigadores analizaron los restos, descubrieron que uno de los maquinistas había puesto los frenos al máximo, mientras el otro había acelerado la máquina también al máximo.*
>
> *Las dos locomotoras halaron y empujaron la una contra la otra, ¡era obvio que para su desgracia los maquinistas tuvieron diferentes ideas sobre lo que había que hacer!*
>
> *Algunos han especulado que no hubiera habido pérdidas humanas si los maquinistas solo se hubieran puesto de acuerdo en la dirección a seguir*[13].

¿Qué te dice esto? ¡Tremenda evidencia de vulnerabilidad! Sin embargo, tanto en el hogar, en el matrimonio, en la crianza de los hijos y en cualquier tipo de relaciones, será mejor permanecer juntos y estar de acuerdo.

Nathaniel Hawthorne, el gran novelista y cuentista estadounidense, llegó un día a su casa con el corazón destrozado. ¿Cómo le diría a su esposa que le habían despedido del trabajo? Cuando por fin se decidió a decírselo, ella respondió con alegría:

—¡Qué bueno, ahora podrás escribir tu libro!

—¿Pero y de qué viviremos? —le preguntó él.

Entonces, ella se dirigió a un cajón y sacó una importante suma de dinero.

—Son mis ahorros, tómalos.

Así que Nathaniel entusiasmado por la confianza de su esposa, se dedicó a escribir hasta terminar su famosa obra *La letra escarlata*.

Las lecciones de Nehemías para andar juntos y de acuerdo

Nehemías fue uno de los judíos llevados a Babilonia cautivo que llegó a ser copero del rey Artajerjes de Persia. Un día, mientras le ofrecía vino al rey, este se dio cuenta de la tristeza de Nehemías y le preguntó la causa. De inmediato, Nehemías le respondió que Jerusalén, la ciudad de sus antepasados, yacía en ruinas. Así que le pidió permiso para ir y reconstruir sus murallas (445 a. C.). El rey no solo se lo permitió, sino que le concedió una escolta, unas cartas de recomendación y el nombramiento de gobernador de Judea.

En el año 444 a. C., cuando Nehemías llegó a Jerusalén, lo primero que hizo fue una ronda nocturna alrededor de las destruidas fortificaciones. Entonces, alentó al pueblo para levantar los muros. Sin embargo, tres líderes de las tribus paganas vecinas se enojaron y se opusieron. A pesar de eso, no lograron detener ni intimidar a Nehemías.

Para impedir un ataque, los constructores trabajaban con una sola mano y con la otra empuñaban un arma. Cincuenta y dos días después, el muro estaba reconstruido. Luego, hubo un despertar espiritual y todos los líderes religiosos se comprometieron a adorar a Dios. Nehemías fue gobernador de Jerusalén hasta una edad muy avanzaba y así murió. ¿Era vulnerable? Claro que sí, pero tenía a Dios.

Las lecciones que nos dejó Nehemías sobre la importancia de andar juntos y de acuerdo son las siguientes:

1. No importa la condición sociopolíticas en que uno se halle para sobresalir y causar un impacto permanente (Nehemías estaba cautivo en Babilonia y cuando llegó a Jerusalén, esta se encontraba desmoronada).

2. Como pueblo de Dios, estamos llamados a alentar a los demás para emprender grandes cosas en el nombre de Dios (Nehemías hizo una ronda nocturna alrededor de los muros).

3. Dejarse desalentar por los enemigos no corresponde al pueblo de Dios (Nehemías no se dejó amedrentar por los jefes de las tribus paganas).

4. Una mano sobre la tarea y otra sobre el arma de combate (Esta fue la actitud de los trabajadores). Nosotros, pues, con una mano en la Biblia y con la otra...

5. Después de cumplir con la sagrada misión encomendada por Dios, viene el despertar espiritual... (Así ocurrió con Nehemías y el pueblo).

Las trampas del camino

El diablo tiene dos trampas mortales: El desaliento y las dudas. Si las cuerdas de tu alma se mantienen siempre calientes, el diablo no las podrá tocar. En cambio, si en el camino de la utilidad permites que Satanás te salga al encuentro, desanimándote por lo que hacen otros, tu alma cambiará de color. ¡No lo permitas!

Juntos y de acuerdo soñaremos, emprenderemos y haremos grandes cosas para la gloria de Dios y aplastaremos la vulnerabilidad. Este pasaje nos da la seguridad:

En Dios haremos proezas, y él hollará a nuestros enemigos.
(Salmo 50:12, RVR60)

Entonces, ¿qué vas a hacer? No acumules las cargas de tu vida, sino llévaselas al Señor.

Venid a mí, todos los que estáis cansados y cargados, y yo os haré descansar. (Mateo 11:28, LBLA)

La ira acumulada y sus síntomas

A menudo, las frustraciones, los complejos o los resentimientos van llenando nuestras vidas. Esfuérzate para que algo así no te suceda, pues esto te conducirá a la ira acumulada...

Entonces, ¿qué es la ira acumulada? Es el resultado del almacenamiento de factores candentes. La ira es un recurso inconsciente de defensa y de autoprotección. La manera de «no sentirla» es negándola.

Ahora bien, ¿cuáles son los síntomas de la negación de la ira? Aquí tienes algunos de ellos que te ayudarán a identificar el problema:

1. **La fatiga**
   La negación de la ira acumulada produce cansancio y, como resultado, viene la fatiga, ya sea física o emocional. La fatiga física estropea los procesos químicos que el cuerpo necesita mantener en equilibrio. Por otra parte, la fatiga emocional se produce debido a los golpes, las torpezas, las enfermedades, las pérdidas, etc. Así que esto provoca estrés psicoemocional.

2. **El aislamiento**
   Este es un mecanismo de autoprotección para evitar el dolor de sentirnos rechazados. Si dura más de una semana, se necesita ayuda profesional, pues pudiera llegar a ser peligroso.

3. El cinismo

Se trata del atrevimiento a mentir, o a defender y practicar acciones vituperables. A veces, queremos lo que pensamos que tienen los demás, pero quién sabe si su situación es peor que la nuestra. En su carta, Santiago nos enseña lo siguiente:

> *Si ustedes tienen envidias amargas y rivalidades en el corazón, dejen de presumir y de faltar a la verdad. Esa no es la sabiduría que desciende del cielo, sino que es terrenal, puramente humana y diabólica. Porque donde hay envidias y rivalidades, también hay confusión y toda clase de acciones malvadas.* (Santiago 3:14-16)

4. La irritabilidad

Quizá se manifieste en contra de la persona menos indicada.

> *De una misma boca salen bendición y maldición. Hermanos míos, esto no debe ser así. ¿Puede acaso brotar de una misma fuente agua dulce y agua salada? Hermanos míos, ¿acaso puede dar aceitunas una higuera o higos una vid? Pues tampoco una fuente de agua salada puede dar agua dulce.* (Santiago 3:10-12)

Necesitamos que nos recompensen. De lo contrario, nos resentimos. Así que tratamos de sobresalir para demostrar que sí podemos.

5. La suspicacia

La manifestación de la suspicacia o el recelo viene debido a la idea que sugiere la sospecha o desconfianza. Entonces, nos preguntamos cosas como esta: «¿Qué me quiso decir con eso?». De modo que se presenta la visión de túnel, lo que podría desembocar en lo que clínicamente se llama «paranoia». La paranoia es una perturbación mental fijada en una idea o en un orden de ideas.

Para curarte de estos síntomas de la negación de la ira, evita los siguientes errores:

- La autocompasión.
- Creer que pensar en cosas felices es improductivo.
- Involucrarse solo en actividades positivas.
- Tenerse lástima...
- Buscar algo nuevo, al igual que los atenienses: «Todos los atenienses y los extranjeros que vivían allí se pasaban el tiempo sin hacer otra cosa más que escuchar y comentar las últimas novedades» (Hechos 17:21).

Entonces, ¿cómo sales de ese círculo vicioso?

- Identifica tu problema.
- Busca la terapia divina.
- Usa tus energías en la búsqueda de la suficiencia del Señor.

Las personas que no han resuelto el asunto de la autoridad en sus vidas tendrán más problemas. Por lo tanto, debes tener presente que tu máxima *autoridad* es el Señor. En mi caso, ¡confieso que soy vulnerable pero que tengo a Jesús de mi lado! Eso me hace más que vencedor.

No necesitas vivir como esclavo

La esclavitud es la sujeción rigurosa y excesiva por la cual se ve sometida una persona a otra, o a un trabajo u obligación. Sin embargo, el Señor nos hizo libres:

> *«El Espíritu del Señor está sobre mí, por cuanto me ha ungido para anunciar buenas nuevas a los pobres. Me ha enviado a proclamar libertad a los cautivos y dar vista a los ciegos, a poner en libertad a los oprimidos, a pregonar el año del favor del Señor».* (Lucas 4:18-19)

El 18 de diciembre de 1865, gracias a la Decimotercera Enmienda, se abolió la esclavitud en Estados Unidos. ¿Cuántos esclavos había al día siguiente? En realidad, ninguno. Aun así, muchos siguieron viviendo como esclavos. ¿Qué razones había para esto? No se les comunicó esta verdad o muchos preferían seguir viviendo como antes. ¡Se habían adaptado!

Los dueños de las plantaciones en las que el trabajo dependía de los esclavos, se quedaron devastados con esta proclama de emancipación.

—¡Estamos arruinados! —se decía la gente.

—No necesariamente —respondió el portavoz principal—. Mientras sigan pensando que son esclavos, la proclama no tendrá efectos prácticos. No tenemos derechos legales, pero ellos no lo saben todavía. ¡Evitemos que sepan la verdad y seguiremos teniendo su control!

—¿Pero qué tal si se enteran de que son libres?

—No se asusten, tenemos otra alternativa, podemos engañarlos. Solo digamos que malinterpretaron la Decimotercera Enmienda. Díganles que serán libres en el futuro, pero que todavía no lo son. Mientras continúen haciendo lo que hacen los esclavos, no será difícil convencerlos de que todavía son esclavos.

Hay muchas personas libres que siguen viviendo como esclavas. Se encuentran sumergidas en las profundas aguas de la vulnerabilidad humana.

Sócrates, el gran filósofo griego, dijo: «¿Cómo puedes decir que eres libre si los placeres te dominan aún?». Y algunos seguían haciendo tareas y actividades que correspondían a la condición de esclavos. Como no querían ser hipócritas, seguían sintiendo lo mismo que antes. Seguían reaccionando del mismo modo, pues una voz fuerte les susurraba en los oídos: «Recuerda tu condición».

Un esclavo sagaz escuchó la noticia, así que investigó. Como resultado, la vida del esclavo se transformó. Decidió vivir por lo que ahora sabía que era la verdad. Se dio cuenta de que su antiguo dueño ya no tenía autoridad sobre él y se dijo: «¡Soy libre!».

Los libres tienen que conocer las implicaciones de su emancipación

La Palabra de Dios es nuestra proclama de emancipación.

Cristo nos libertó para que vivamos en libertad. Por lo tanto, manténganse firmes y no se sometan nuevamente al yugo de esclavitud. (Gálatas 5:1)

Sin embargo, ¿cuántos de los libres viven en libertad? ¿Cuántos comprenden de veras lo que significa esto? ¿Lo entiendes tú? ¿Puedes ser vulnerable y libre? ¡Claro que sí! El sistema del mundo nos ha condicionado a creer que somos lo que hacemos. Algunos se creen superiores por raza, color, cultura o condición social. En cambio, en el Reino de Dios no hay distinciones:

En esta nueva naturaleza no hay griego ni judío, circunciso ni incircunciso, culto ni inculto, esclavo ni libre, sino que Cristo es todo y está en todos. (Colosenses 3:11)

Además, en el Reino de Dios no existe la discriminación de sexos:

Ya no hay [...] hombre ni mujer, sino que todos ustedes son uno solo en Cristo Jesús. (Gálatas 3:28)

Esto significa que todo nacido de nuevo es hijo de Dios sin importar el sexo ni la condición social o etnia. El punto aquí es que lo que hacemos, el lugar en el que vivimos o la clase social a la que pertenecemos no determinan quiénes somos.

En resumen, la libertad espiritual está determinada por lo que somos y no por lo que hacemos. Por esa razón el Espíritu Santo le da testimonio a nuestro espíritu de que somos hijos de Dios. Sin duda, el Espíritu quiere convencernos de que en verdad somos libres... vulnerables, ¡pero libres!

También es erróneo pensar en algo como esto: «¿Qué experiencia espectacular debe tener uno para que esto sea verdad?». Lo que Dios dice es verdad sin importar que lo creamos o no. Jesús dijo:

Conocerán la verdad, y la verdad los hará libres. (Juan 8:32)

No podemos comportarnos de manera incompatible con lo que creemos sobre nosotros mismos. ¿Quiénes somos? Según se declara en la Palabra, somos hijos de Dios... vulnerables, pero hijos de Dios.

Mirad cuál amor nos ha dado el Padre, para que seamos llamados hijos de Dios; por esto el mundo no nos conoce, porque no le conoció a él. Amados, ahora somos hijos de Dios, y aún no se ha manifestado lo que hemos de ser; pero sabemos que cuando él se manifieste, seremos semejantes a él, porque le veremos tal como él es. Y todo aquel que tiene esta esperanza en él, se purifica a sí mismo, así como él es puro. (1 Juan 3:1-3, RVR60)

Es más, vulnerables, pero santos... Entonces, ¿un hijo de Dios peca? Sí, somos santos que pecan...

A la iglesia de Dios que está en Corinto, a los que han sido santificados en Cristo Jesús y llamados a ser su santo pueblo, junto con todos los que en todas partes invocan el nombre de nuestro Señor Jesucristo, Señor de ellos y de nosotros. (1 Corintios 1:2)

Les escribo a todos ustedes, los amados de Dios que están en Roma, que han sido llamados a ser santos. Que Dios nuestro Padre y el Señor Jesucristo les concedan gracia y paz. (Romanos 1:7)

Si entiendes que eres un hombre libre, santo o apartado, tu autoestima mejorará y, en consecuencia, también lo hará tu conducta. Aun así, tienes que tomar la decisión consciente de creer lo que Dios dijo sobre ti.

Si te entregaste a Cristo, ¿sabes quién eres? ¿Vives tu emancipación? Si perteneces a Cristo, no tienes que vivir como un esclavo.

Nuestras reacciones son el resultado de nuestras convicciones

¿Nos hemos acostumbrado a la *inercia*? ¿Nos hemos *acomodado* a las costumbres? ¿Nuestras actitudes y *reacciones* son pobres y débiles? A veces, tenemos justificados sentimientos de *frustración*. Entonces, ¿sabemos cómo lidiar con esto? Aspiramos a cosas superiores, pero nos sentimos bloqueados. ¿Cómo salimos adelante en esta situación? El Señor espera que nos comportemos de esta manera ante los avatares de la vida:

1. **Piadosamente**
   Hay una promesa para los que viven así: «Puesto que todas estas cosas han de ser destruidas de esta manera, ¡qué clase de personas no debéis ser vosotros en santa conducta y en piedad, esperando y apresurando la venida del día de Dios, en el cual los cielos serán destruidos por fuego y los elementos se fundirán con intenso calor!» (2 Pedro 3:11-12, LBLA)

2. **Sin peros**
   En su diario de campaña del Sinaí, el político y militar israelí Moshé Dayán (1915-1981) escribió: «No creo en los peros. Los oficiales escogidos para comandar las unidades de combate son hombres cuyas reacciones naturales a misiones difíciles nunca era "pero". Entendían plenamente el significado de mis órdenes y advertencias, y no eludían sus posibles circunstancias, más bien las anhelaban».

3. **Sin pretextos**
   Es lo que se alega para hacer algo o para dar excusas por no llevarlo a cabo. Así que los pretextos los inventó el diablo.

No hay sacrificios para el Señor. Los sacrificios ya los hizo Él, por eso lo que necesitamos es disposición.

En las cartas de Plinio el Joven a su amigo el historiador Tácito, le describió cómo Pompeya, Italia, quedó arrasada por la erupción del Vesubio (29 de agosto de 79 d. C.). La mayoría de las personas quedaron sepultadas bajo las ruinas y la lava del volcán. Mil años después encontraron muchos soldados en la puerta de la ciudad. Sus cuerpos estaban calcinados, pero seguían de pie junto a la puerta.

A nosotros nos toca permanecer en pie, a pesar de que somos débiles. Incluso, sería un privilegio padecer por Cristo.

Bienaventurados sois cuando por mi causa os vituperen y os persigan, y digan toda clase de mal contra vosotros, mintiendo. Gozaos y alegraos, porque vuestro galardón es grande en los cielos; porque así persiguieron a los profetas que fueron antes de vosotros. (Mateo 5:11-12, RVR60)

Las tres máximas de cualquier hijo de Dios son:

- **Optimismo.** El hijo de Dios optimista es un visionario.
- **Gozo.** El hijo de Dios gozoso conoce de Cristo.
- **Firmeza.** El hijo de Dios que está firme es un soldado del Señor.

Mantengamos firme la esperanza que profesamos, porque fiel es el que hizo la promesa. (Hebreos 10:23)

Así que, nada de derrotismo... El famoso evangelista Billy Sunday dijo: «Si no hallamos gozo en nuestra religión, ¡algo anda mal en nuestro cristianismo!»[14].

Hay muchos fenómenos fuertes contra los que tenemos que luchar, ¿pero no vale la pena luchar por Cristo y con Cristo?

CONCLUSIÓN

—

L a Palabra de Dios está llena de grandes noticias para su pueblo. Aquí tienes dos pasajes bíblicos que traen paz y esperanza a nuestro corazón:

> *Es cierto que fue crucificado en debilidad, pero ahora vive por el poder de Dios. De igual manera, nosotros participamos de su debilidad, pero por el poder de Dios viviremos con Cristo para ustedes.* (2 Corintios 13:4)

> *El Señor me ha dicho: «Mi amor es todo lo que necesitas; pues mi poder se muestra plenamente en la debilidad». Así que prefiero gloriarme de ser débil, para que repose sobre mí el poder de Cristo.* (2 Corintios 12:9, DHH)

Cuanto más las personas reconocen sus debilidades y las confiesan, mejor las usará Dios. ¡Él rechaza la arrogancia! A veces, pasamos por alto que todos tenemos grandes limitaciones. Tú y yo tenemos un manojo de defectos e imperfecciones, ya sean físicas, emocionales, intelectuales o espirituales. Lo más serio es: «¿Qué hacemos con ellas? ¿Las racionalizamos?». Solemos negar nuestras deplorables situaciones, así que las defendemos, justificamos y resistimos. Esas cosas son obstáculos para que Dios nos use como Él desea hacerlo.

Dios tiene una perspectiva diferente de tus debilidades y las mías. En la cruz, cuanto más mostró Jesús su condición humana, más cerca estuvo de su gloria definitiva. Pablo dijo:

> *Pero Dios escogió lo insensato del mundo para avergonzar a los sabios, y escogió lo débil del mundo para avergonzar a los poderosos. También escogió Dios lo más bajo y despreciado, y lo que no es nada, para anular lo que es, a fin de que en su presencia nadie pueda jactarse.* (1 Corintios 1:27-29)

A nosotros nos han enseñado que nuestras difíciles situaciones y vulnerabilidades son accidentes de la vida. Lo que no pensamos es que Dios las permitió de manera deliberada con el propósito de demostrar su poder a través de ellas o a pesar de ellas.

A Dios nunca le impresionó la autosuficiencia. A Él no le impresionó la fuerza de Goliat ni las presunciones de Nabucodonosor. Cuando Jesús pronunció su famoso discurso de la montaña, subrayó que el reconocimiento de nuestras debilidades era un atributo de los pobres en espíritu:

> *Dichosos los pobres en espíritu, porque el reino de los cielos les pertenece.* (Mateo 5:3)

Si Dios solo usara personas «perfectas», no se haría nada. Una debilidad, o un «aguijón», como lo llamó Pablo, no siempre es un pecado, un vicio ni un defecto de carácter que puedas cambiar. Hay cosas que sí podrás cambiar, pero hay otras que tendrás que vivir para siempre con ellas.

En cierta ocasión, un gran amigo de Fanny Crosby le dijo: «Voy a orar por ti para que recuperes la visión». Al instante, ella le respondió: «Te prohíbo que lo hagas. Dios me quiere así, y así lo serviré y honraré». Esta mujer vivió noventa y cinco años. Fue una virtuosa letrista, poeta y compositora cristiana. A los quince años de edad conocía de memoria los cuatro Evangelios, el Pentateuco, Proverbios, Cantares y el libro de los Salmos. Durante sus años de vida escribió más de nueve mil himnos. En 1975, la incluyeron en el Salón de la Fama de la Música Góspel. Una debilidad, una limitación, no es necesariamente un pecado, y pudiera ser fuerza para crear cosas grandes. La debilidad física, como la minusvalía, quizá se deba a una enfermedad crónica. Tal vez se trate de una limitación emocional, como un trauma, un recuerdo injurioso, una personalidad excéntrica o una disposición hereditaria. Es probable que sea el resultado por una falta de talento o alguna limitación intelectual. Sin embargo, a Dios no lo detienen nuestras limitaciones. Es más, Él disfruta poner su poder en vasijas comunes.

¿Quién te distingue de los demás? ¿Qué tienes que no hayas recibido? Y, si lo recibiste, ¿por qué presumes como si no te lo hubieran dado? (1 Corintios 4:7)

Por lo tanto, reconoce tus debilidades, admite tus imperfecciones. Toma tiempo para identificar tus problemas y verás cómo, a pesar de ellos, vencerás. En la ciudad de Listra, Pablo dijo:

Señores, ¿por qué hacen esto? Nosotros también somos hombres mortales como ustedes. Las buenas nuevas que les anunciamos son que dejen estas cosas [idolatrías] sin valor y se vuelvan al Dios viviente, que hizo el cielo, la tierra, el mar y todo lo que hay en ellos. (Hechos 14:15)

No te mortifiques tanto por tu vulnerabilidad. Toda la humanidad la arrastra como herencia y lucha en su contra. Así que sálele al encuentro en el nombre de Jesús.

Hay varios beneficios que vienen aparejados a las dificultades que afrontas ante las vulnerabilidades:

1. Nos hacen depender más de Dios.
2. Nos liberan de creer, como Satanás, que podemos ser pequeños dioses.

3. Te recuerdan que necesitas de Dios.
4. Otros se pueden identificar más contigo.
5. Dejas de ser presuntuoso para convertirte en un instrumento común.

Debemos estar atentos para que nuestras debilidades no sean el resultado de nuestra arrogancia. Pablo, luego de su maravillosa visita al tercer cielo, dijo:

Para evitar que me volviera presumido por estas sublimes revelaciones, una espina me fue clavada en el cuerpo. (2 Corintios 12:7)

Cuando Gedeón armó a 32 000 hombres para enfrentar al enemigo, Dios se lo redujo a 300, estableciendo una desigualdad de 450 a 1, ya que fueron a pelear 135 000 de las tropas enemigas. Esto parecía ser una estrategia para el desastre, pero Dios lo hizo para que Israel reconociera que...

No depende del ejército, ni de la fuerza, sino de mi Espíritu, dice el Señor todopoderoso. (Zacarías 4:6, DHH)

Muchas veces pensamos que para realizar proezas se necesita un prohombre, alguien muy especial, y no es necesariamente así. El gran misionero Hudson Taylor dijo una vez: «Todos los gigantes de Dios fueron personas débiles». Por ejemplo, Moisés, Abraham, David, Pedro y Juan. Dios se complace en tomar hombres muy vulnerables y convertirlos en gigantes. Así lo hizo con los hombres que acabo de mencionar.

Las personas no usan la terapia de las confesiones por el temor al rechazo. Rick Warren dijo:

La vulnerabilidad te ayuda a liberarte emocionalmente, alivia el estrés, desactiva tus temores y es el primer paso para la libertad [...] La vulnerabilidad es una cualidad que apreciamos, somos naturalmente atraídos hacia los humildes. Las pretensiones repelen, no obstante la autenticidad atrae y la vulnerabilidad es el camino hacia la intimidad[1].

Cuando la gente ve que Dios usa, consuela y anima a los débiles, los demás dirán: «¿Será posible que Él me use a mí?». Tú debes decidir en la vida lo que vas a hacer: impresionar o influir. Antes te demostré que no eres tan vertical como creías, así que te exhorto a que seas auténtico.

De tal hombre podría hacer alarde, pero de mí no haré alarde sino de mis debilidades. (2 Corintios 12:5)

Recuerda siempre esto: Muéstrate a los demás como un trofeo de la gracia de Dios. Jacob es un buen ejemplo: Pasó casi toda su vida intrigando. Sin embargo, una noche mientras luchaba con Dios, dijo:

¡No te soltaré hasta que me bendigas! (Génesis 32:26)

Entonces, obtuvo la bendición, pero Dios «lo tocó en la coyuntura de la cadera, y esta se le dislocó mientras luchaban» (Génesis 32:25). ¿Y eso qué significa? Esa articulación es lo más fuerte del cuerpo y Dios lo transformó en debilidad. Por lo tanto, Jacob se pasó toda la vida cojeando sin poder huir jamás. Eso le sirvió para apoyarse en Dios.

Si quieres que Dios te bendiga y te use, debes querer caminar cojeando el resto de tu vida, pues Él usa a las personas vulnerables y no a las «creídas».

Todo lo que acabo de enseñar no significa que mi vulnerabilidad me hace feliz. Lo que sí creo es que Dios permitió que existiera esta gran deficiencia humana para un propósito especial que tiene para nosotros. La prerrogativa del ángel llamado Lucifer provocó el desenfreno humano y, desde entonces, esa fuerza antagónica lucha por la supremacía sobre el ser humano.

No obstante, Dios puede y quiere usar nuestra condición para glorificar su nombre. Hagamos de nuestras ventajas cristianas un altar y de nuestras debilidades una hoguera. En la oscuridad de la noche aun el mar conserva sus playas. La providencia divina también tiene llaves para abrir las puertas de la vulnerabilidad.

Cuando los trescientos soldados elegidos bajo Gedeón, juez de Israel, rompieron los cántaros y encendieron sus antorchas, las luces espantaron a todos los enemigos. Cuando la viuda pobre rompió el recipiente y derramó el aceite, Dios lo multiplicó. Cuando Jesús tomó los cinco panes y los dos peces, ocurrió el milagro. Cuando un grano de trigo cae en la tierra y muere, su corazón se abre y llega la planta. Cuando yo presento mi alma y cuerpo en «sacrificio vivo», mis vulnerabilidades se convierten en antorchas.

Si los cananeos que están fuera y dentro de ti han llenado los valles y sus carrozas de hierro te impiden pasar, súbete a los montes y ocupa los espacios más elevados

> *La región montañosa será tuya. Porque aunque es bosque, la desmontarás, y será tuya hasta sus límites más lejanos; porque expulsarás a los cananeos, aunque tengan carros de hierro y aunque sean fuertes.* (Josué 17:18, LBLA).

Los monumentos más hermosos son los que han recibido mayores golpes con el cincel. Las limitaciones golpean, pero hay una puerta llamada esperanza.

> *Contra toda esperanza, Abraham creyó y esperó.* (Romanos 4:18).

Somos muy frágiles, aunque en la mayoría de las ocasiones pensemos lo contrario. No nos agrada el pensamiento de que si confieso que soy débil, no podré salir adelante. A Dios le encanta fabricar con material de «segunda».

John Milton, poeta y ensayista inglés, perdió la vista y en medio de esa penosa situación escribió su famosa obra *El paraíso perdido*. Cuando Jesús en la cruz, no era más que un pedazo de carne destrozada, logró así la redención del mundo.

Estoy convencido de que hay bendiciones escondidas detrás de nuestra vulnerabilidad. ¡Ríndela! El fruto de la esperanza no viene siempre envuelto en cintas doradas. Si estamos dispuestos a dejar hablar la Biblia, podremos tener un atisbo de lo que pudiera llegar a ser nuestra vida, a pesar de lo que somos... ¡no lo olvides!

1. Jamás estaremos abandonados: «Y les aseguro que estaré con ustedes siempre, hasta el fin del mundo» (Mateo 28:20).
2. Jamás estaremos ansiosos: «Él cuida de ustedes» (1 Pedro 5:7).
3. En lo profundo de ti, donde radica tu verdadera existencia, vivirá el Espíritu Santo: «De aquel que cree en mí, como dice la Escritura, brotarán ríos de agua viva» (Juan 7:38).

A veces, el fruto de la esperanza llega disfrazado: Trae dolor, como epilepsia, cáncer, insomnio crónico, etc. Así que recuerda siempre esto: Lo que piensas eso eres; cualquiera de las circunstancias de Pablo nos hubiera aplastado a nosotros: Lo apedrearon, lo azotaron, sufrió el naufragio, lo sacudió recio frío del invierno, padeció hambre, lo traicionaron gente como Demas y Alejandro el herrero, sufrió grandes prisiones, etc. No obstante, él decía:

Me regocijo en debilidades, insultos, privaciones, persecuciones y dificultades que sufro por Cristo; porque, cuando soy débil, entonces soy fuerte. (2 Corintios 12:10)

¿Quién nos apartará del amor de Cristo? ¿La tribulación, o la angustia, la persecución, el hambre, la indigencia, el peligro, o la violencia? Así está escrito: «Por tu causa siempre nos llevan a la muerte; ¡nos tratan como a ovejas para el matadero!». Sin embargo, en todo esto somos más que vencedores por medio de aquel que nos amó. (Romanos 8:35–37)

Tal vez me preguntes: «¿Y cuándo es el momento de confiar?».

Cuando tus amigos ya no están.
Cuando nos sentimos solos.
Cuando todo apoyo desapareció.
Cuando ya no vislumbras salidas.
Cuando piensas que tu vulnerabilidad es más fuerte que tus convicciones.

¡Ese es el momento de confiar!

NOTAS

Capítulo 2

1. Jorge León, *Psicología pastoral para todos los cristianos*, séptima edición, Editorial Caribe, Miami, FL 1981.

Capítulo 3

1. Jorge León, *Psicología pastoral para todos los cristianos*.

Capítulo 4

2. Gary L. McIntoch y Samuel D. Rima, *Cómo sobreponerse al lado oscuro del liderazgo*, Casa Creación, Lake Mary, Florida, 2005.

3. José Ingenieros, *El hombre mediocre*, Editorial FV Éditions, Plano, TX, 2013, p. 10.

4. *Ibídem*, p. 28.

5. William Barclay, *Comentario al N.T. volumen 1*, Editorial Clie, Tarrassa, Barcelona, España, 1996, p. 54.

6. Félix Calderón Ávila, *Lira altiva*, editor Jorge de Pineda Ibarra, México, 1972.

Capítulo 6

1. Tito Flavio Josefo, *Antigüedades judías*, BN Publishing, Hawthorne, CA, 2012.

2. Nikos Kazantzakis (1885-1957), filósofo, poeta y dramaturgo, nació en la isla de Creta. Estudió derecho en la Universidad de Atenas. Fue traductor de Dante y Goethe. Al recorrer casi todo el mundo, fue escribiendo sus vivencias y obras clásicas mientras realizaba sus largos viajes. Para más información, consulta buscabiografias.com.

Capítulo 7

1. James E. Giles, *Siete psicologías para obreros cristianos*, Seminario Teológico Bautista Internacional, Cali, Colombia, 1976, pp. 39-48.

2. Pilar Calvo, *República de las ideas*, https://www.republica.com/2016/10/30/los-psicologos-educativos-avisan-de-la-fragilidad-emocional-de-la-sociedad/, consultado el 2 de agosto de 2021.
3. Amy Elizabeth Olrick y Jeffrey Olrick, *Las 6 necesidades de cada niño*, Editorial Vida, Nashville, TN, 2021, pp. 11-36.

Capítulo 8
1. Craig Brian Larson y Drew Zahn, *Ilustraciones perfectas*, Editorial Unilit, Miami, FL, 2003, pp. 53-54.
2. L.B. Cowman, *Manantiales en el desierto: 366 lecturas devocionales en lenguaje contemporáneo* (noviembre 20), Editorial Mundo Hispano, El Paso, TX, 2007, p. 399.
3. *Ibídem*, p. 396.
4. Larson y Zahn, *Ilustraciones perfectas*, pp. 127-128.
5. Heberto Becerra, *Pulsando liras*, P.B. LLC, Atlanta, GA, 2020.

Capítulo 9
1. Max Lucado, *Ansiosos por nada*, Grupo Nelson, Nashville, TN, 2017, p. 10.
2. *Ibídem*.
3. Timothy Keller, *Dioses que fallan*, Publicaciones Andamio, Barcelona, España, 2015, p. 27.
4. Heberto Becerra, *Pulsando liras*, P.B. LLC, Atlanta, GA, 2020, pp. 27-28.
5. Lauren Daigle, *Alone You*, traducción de Mabel Moriyón.

Capítulo 10
1. Timothy Keller, *Dioses falsos*, Editorial Vida, Nashville, TN, 2011.
2. Heberto Becerra, *Pulsando liras*, P.B. LLC, Atlanta, GA, 2020, p. 175.
3. «Amigo hallé», *El Nuevo Himnario Popular*, #274, letra de J.P. Scholfield, traducción de Ernesto Barocio, © Copyright 1955, Casa Bautista de Publicaciones, El Paso, TX.

Capítulo 12
1. Basado en el libro de Craig Brian Larson y Drew Zahn, *Ilustraciones perfectas*, Editorial Unilit, Miami, FL, 2003, pp. 20-21.

Capítulo 13
1. Billy Graham, *Hasta el Armagedón*, Casa Bautista de Publicaciones, El Paso, TX, 1982, p. 16.

Capítulo 14
1. *The Encyclopedia Britannica A Dictionary Of Arts, Sciences, Literature And General Information* (II Edition).

2. *Diccionario de la lengua española*, bajo la palabra «renovar», 23.ª edición, octubre de 2014, actualizado en 2020.

3. *Ibídem*, bajo la palabra «regenerar».

Capítulo 15

1. Gustavo Pena Casanova (1955-2004), fragmento de la canción «La perla y el diamante», consultado el 1 de enero de 2021, https://imaginandobuenas.com.uy/letras/la-perla-y-el-diamante/.

2. *The Encyclopedia Britannica A Dictionary Of Arts, Sciences, Literature And General Information* (II Edition).

3. C.S. Lewis, consultado el 1 de enero de 2021, https://sermonescristianos.net/rick-warren/blog/216/el-corazn-de-la-adoracin?set_user_language=en-US.

4. *Diccionario de la lengua española*, bajo la palabra «perseverar», 23.ª edición, octubre de 2014, actualizado en 2020.

5. Blaise Pascal, consultado el 1 de enero de 2021, https://akifrases.com/frase/125031.

Capítulo 16

1. George Bush padre, discurso ante el Congreso de Estados Unidos, https://www.lavanguardia.com/historiayvida/historia-contemporanea/20201023/33997/fracasada-pax-americana-bush.html, consultado el 1 de enero de 2021.

2. Daniel Defoe, *Robinson Crusoe*, https://es.wikisource.org/wiki/Robinson_Crusoe:_045; https://es.wikisource.org/wiki/Robinson_Crusoe:_046; consultado el 1 de enero de 2021.

3. Agustín de Hipona, http://www.abideinchrist.org/selahes/jan5.html, consultado el 1 de enero de 2021.

4. Los antiguos griegos y romanos llamaban así a los que no hablaban su idioma. Se trata de una raza situada al norte de los mares Caspio y Negro. Se consideraban inferiores en inteligencia y cultura.

5. «Revolución de Copérnico», https://es.wikipedia.org/wiki/Revoluci%C3%B3n_de_Cop%C3%A9rnico, consultado el 1 de enero de 2021.

6. José Luis Martínez, compilador, *502 ilustraciones selectas*, Casa Bautista de Publicaciones, El Paso, TX, 1994, p. 244.

7. D.L. Moody, *Doscientas anécdotas e ilustraciones*, Editorial Portavoz, Grand Rapids, MI, 2014, #115.

8. Carlos Alberto Yélamo, http://carlosyelamo.blogspot.com/2011/02/aqui-se-vende-pescado-fresco.html, consultado el 1 de enero de 2021.

9. Platón, https://www.culturagenial.com/es/una-vida-sin-examen-no-merece-la-pena-ser-vivida/, consultado el 1 de enero de 2021.
10. José Luis Martínez, compilador, *502 ilustraciones selectas* #147.
11. Basado en el libro de Wayne Rice, *Ilustraciones inolvidables*, Editorial Vida, Miami, FL, 2010, p. 14.
12. Basado en el libro de Wayne Rice, *Ilustraciones inolvidables*, p. 101.
13. Ministerio Kairos, https://iglesia-evangelica-la-paz.blogspot.com/2010_10_12_archive.html, consultado el 1 de enero de 2021.
14. Billy Graham, *Hasta el Armagedón*, Casa Bautista de Publicaciones, El Paso, TX, 1982, p. 147.

Conclusión

1. Rick Warren, *Una vida con propósito*, Editorial Vida, Miami, FL, 2008, p. 263.

BIBLIOGRAFÍA

1. Alfred Adler, *El sentido de la vida*, traducido por Oliver Brachfed, Editorial Latinoamericana, México, 1935.
2. William Barclay, *Comentario al N.T. volumen 6*, Editorial Clie, Tarrassa, Barcelona, España, 1996.
3. Craig Brian Larson y Drew Zahn, *Ilustraciones perfectas*, Editorial Unilit, Miami, FL, 2003, p. 204.
4. C.I. Scofield, *Nueva Biblia de Estudio*, B&H Publishing, Nashville, Tennessee, 1960.
5. Shane Claiborne y Tony Campolo, *La Revolución de las Letras Rojas*, Grupo Nelson, Nashville, TN, 2012.
6. Paulo Coelho, *El don supremo*, Penguin Random House Grupo Editorial México, 2017.
7. Gary McIntoch y Samuel D. Rima, *¿Cómo sobreponerse al lado oscuro del liderazgo?*, Casa Creación, Lake Mary, Florida, 2005.
8. James Giles, *Siete psicológicas para obreros cristianos*, Seminario Teológico Bautista Internacional, Cali, Colombia, 1976.
9. Billy Graham, *Hasta el Armagedón*, Casa Bautista de Publicaciones, El Paso, Texas. 1982.
10. Tom Holladay, *Cómo juntar las piezas cuando todo se ha deshecho*, Editorial Vida, Nashville, Tennessee. 2018.
11. Timothy Keller, *Dioses falsos*, Editorial Vida, Miami, FL, 2011.
12. Mel Lawrenz, *Influencia espiritual*, Editorial Vida, Miami, FL, 2013.
13. Jorge León, *Psicología pastoral para todos los cristianos*, Editorial Caribe, 1972.
14. Max Lucado, *Ansiosos por nada*, Grupo Nelson, Nashville, TN, 2017.
15. Stanlay Mahoney, *The Art of Helping People Effectively*, Association Press, NY, 1967.

16. Abraham Mastov, *Motivation & Personality*, Harper & Brothers Publishing, 1954.
17. Patrick Morley, *El hombre frente al espejo*, Editorial Vida, Miami, FL, 2007.
18. Elizabeth Olrick y Jeffrey Olrick, *Las 6 necesidades de cada niño*, Editorial Vida, 2021.
19. W.W. Rand, editor, *Diccionario de la Biblia*, Miami, Editorial Caribe, 1999.
20. Wayne Rice, *Ilustraciones inolvidables*, Editorial Vida, Miami, FL, 2010.
21. *Nuevo diccionario ilustrado Sopena de la lengua española*, Editorial R. Sopena, Barcelona, España, 1970.
22. Robert H. Thune y Will Walker, *La vida centrada en el evangelio*, New Growth Press, Greenboro, NC, 2011.
23. Steve Timmis y Tim Chester, *Una vida centrada en el evangelio*, Editorial Poiema, 2010.
24. Rick Warren, *Administración de la vida*, Saddleback Publishing, Lake Forest, CA, 2010.
25. James O. Whittaker, *Psicología*, Editorial Interamericana, México, 1965.

Nota final importante

De ninguna manera deseo presumir que todas las ideas, conceptos y afirmaciones expresadas en este libro sean absolutamente mías. He bebido de muchísimas fuentes de otros destacados autores (seculares y cristianos), los cuales formaron parte de esta obra.

En las notas cité muchos de los prolijos pensadores que me han servido de bastión e inspiración. Sin embargo, tal vez algunos no se registraran por carecer de esas informaciones. Hasta ellos mi respeto admiración y agradecimiento.

La mayoría de las ilustraciones expuestas provienen de *Ilustraciones perfectas*, Editorial Unilit, *Ilustraciones Inolvidables*, Editorial Vida y de experiencias personales.

ACERCA DEL AUTOR

—

Heberto J. Becerra Matos nació en Villa Clara, Cuba. A los diecisiete años le entregó su vida a Jesucristo, aceptándole como su único Salvador personal. Tres años más tarde, sintió el llamado al ministerio e ingresó en el Seminario Teológico Bautista de Cuba Occidental en la Habana, Cuba.

En 1963, se graduó en dicho seminario y ese mismo año contrajo matrimonio con la señorita Gladys N. Ávila. De dicha unión les nacieron cinco hijos: Mabel, Abner, Herbert, Jacqueline y Belkis. Hoy todos sirven fieles al Señor.

El Dr. Becerra posee una Maestría en Divinidad por el *New York Theological Seminary*, un Doctorado en Ministerio (en la especialidad de consejería) y un Doctorado en Ministerio (en la especialidad de liderazgo) por el *Midwestern Baptist Theological Seminary*, Kansas City, Missouri.

Heberto sirvió en Cuba como pastor por diecisiete años, hasta que emigró con su familia a los Estados Unidos, radicándose en la ciudad de Nueva York, donde fue pastor de la Primera Iglesia Bautista de Manhattan por quince años. Al mismo tiempo, sirvió como profesor del *Boyce Bible School* en la misma ciudad. Predicó en Radio Visión Cristiana por seis años y en el canal 41 (Univisión) durante tres años.

En 1994, aceptó el llamado a pastorear en la Primera Iglesia Bautista de Plantation, Florida, hasta su jubilación en el año 2019. Durante casi todo ese período sirvió, y sirve aún, como profesor del *New Orleans Baptist Theological Seminary* en su filial en Miami, Florida.

En general, el Dr. Becerra ha servido por cincuenta y seis años como pastor, profesor y en otras diversas responsabilidades de liderazgo en la Convención Bautista del Sur, fuera y dentro de los Estados Unidos. Fue presidente de la Convención Bautista de Cuba Occidental entre 1975-1979.

En la actualidad, sigue en la Florida escribiendo y enseñando. Además, es autor de varios libros cristianos: *Gotas de inspiración*, *Policromía poética*, *Pulsando liras*, y *Guía práctica para el discipulado y las misiones*. Ahora mismo tiene otros tres libros pendientes a su publicación.